Laine & lin

En souvenir de mon père
À tous mes proches

Catherine
Bouquerel

Laine & lin

ARMAND COLIN

Photographies de Louis Gaillard

BERGERE
de France

Remerciements

Tout d'abord je tiens à apporter mes sincères remerciements
à la société Bergère de France ; à toute son équipe :
Josette, Marie-Odile, Benoît…
pour cette excellente collaboration.

Ensuite, je remercie vivement toutes mes
assistantes « tricot »,
qui m'ont suivie dans cet ouvrage :
Rolande Bouillaud
Babette Brouard
Annie Goblet
Renée Méry
Maryse Naguet
Marie-Claude Piégard
Nadine Sévin.

Merci à Marie-Thérèse Enjalbert-Bonifassi
pour son accueil si chaleureux
à Louis Gaillard pour ses photos
à Nouchka Pathé mon éditrice
à Françoise Gacon
et à mon proche entourage
pour sa patience et sa compréhension.

Conception graphique : Alexandra Metz
Schémas techniques : Nadine Sévin
Photogravure : Arciel Graphic, Paris
Imprimé et relié en France par Mame, Tours

ISBN : 2-84229-048-8
Code éditeur : I00048
Achevé d'imprimer en septembre 1998
Dépôt légal : septembre 1998
1re édition

Arts d'intérieurs-Armand Colin-12, avenue d'Italie-75013 Paris

Si vous souhaitez recevoir notre catalogue et être tenu au courant de
nos publications, envoyez-nous vos nom et adresse en citant ce livre.
Arts d'intérieurs-Armand Colin-12, avenue d'Italie-75013 Paris

Sommaire

Introduction

Le tricot revient par la grande porte dans toutes les pièces de la maison pour une décoration chaleureuse et douillette.

Son mariage avec le lin lui donne une image raffinée qui s'accorde avec tous les styles.

Retrouvons le plaisir simple de toucher une pelote de laine, de prendre une paire d'aiguilles, de monter maille à maille un ouvrage tendresse, de forme simple pour débuter : les coussins, les plaids… s'y prêtent.

Ouvrage patience pour se faire une maison encore plus belle.

Ouvrage coup de cœur pour un cadeau.

Chaque matière est destinée plus spécifiquement à une réalisation.

Le coton se plie tout à fait au côté net, graphique, pour des mailles endroit, des mailles envers : un set de table.

La laine fait gonfler les torsades, donne du relief à la torsion des mailles pour un aspect chaleureux : une housse de coussin.

Le mohair, légèrement poilu, donne une maille voluptueuse et douce : envie de toucher, de se lover dans le plaid.

Le tricot est donc une histoire sentimentale, sensuelle, qui apportera à la maison une touche personnelle. Pourquoi ne pas surprendre nos amies en leur apprenant quelques jeux de mailles : point mousse, côte anglaise, nid-d'abeilles, alvéoles, tresses, torsades, guirlandes, cordes, entrelacs.

Alors le tricot devient ludique.

Alors le tricot devient détente.

C.B.

Entrée

Garniture de transat

Fournitures

Fils à tricoter Bergère de France,

qualité « Laine de pays » (100 % laine peignée),

6 pelotes coloris Sibérie 211.25.

Aiguilles n° 3,5.

Une aiguille à torsades.

40 cm de molleton polyester en 80 cm de largeur.

40 cm de toile de lin.

Fil pour coutures solides.

16 cm d'auto-agrippant en 5 cm de largeur.

7,10 m de sangle à tapisserie en 5 cm de largeur.

Points employés

Jersey envers :
* 1 rg envers,
1 rg endroit *.

Point fantaisie :
suivre la grille en
répétant les
mailles et
les rangs entre *.

Réalisation

La garniture de la chaise est composée de trois coussins : deux en 33 cm de largeur et 38 cm de longueur pour le siège et le repose-jambes, le troisième en 28 cm de largeur et 40 cm de longueur pour le dossier. La partie centrale de chaque coussin est tricotée puis doublée de toile de lin et bordée de sangles qui la maintiennent en place.

Le tricot du dossier

Monter 62 m. Tricoter 4 rgs de jersey envers qui serviront au montage puis continuer en suivant la grille : tricoter les 10 premières m. en faisant les 2 augmentations indiquées, répéter 8 fois les m. suivantes entre * en faisant à chaque fois les 2 augmentations puis terminer par les 6 dernières m. = 80 m. Revenir en tricotant le 2ᵉ rg de la grille, répéter du 3ᵉ au 10ᵉ rg pendant 108 rgs. Au rang suivant, tricoter les mailles endroit deux par deux, pour retrouver les 62 m. de départ. Tricoter encore 3 rgs de jersey envers et rabattre. On obtient un rectangle de 20 x 32 cm.

Le tricot du siège et du repose-jambes

Monter 74 m. Tricoter 4 rgs de jersey envers puis continuer comme pour le dossier, mais en répétant 10 fois les mailles entre * = 96 m. Tricoter les mailles endroit deux par deux au 100ᵉ rg, continuer en jersey envers pendant 3 rgs et rabattre. On obtient deux rectangles de 25 x 30 cm.

Montage

Le dossier

Couper un rectangle de 20 x 33 cm dans le molleton et un autre de 24 x 37 cm dans la toile. Poser le molleton au centre du lin. Poser le tricot par-dessus.

Bâtir le tour. Rabattre l'excédent de lin sur l'endroit des bords du tricot, à ras des motifs. Piquer le tour à ras de la pliure.

Pour border le haut et le bas du coussin, couper deux morceaux de sangle de 30 cm et pour border les côtés, deux morceaux de 105 cm. Bâtir vers l'endroit un rentré de 1 cm sur chaque extrémité des petits morceaux. Piquer un rentré de 1 cm vers l'endroit d'une extrémité des grands morceaux, vers l'envers de l'autre extrémité.

Bâtir les petits morceaux sur les premiers et les derniers rangs du tricot, à ras des motifs, en laissant dépasser 4 cm de chaque côté. Puis bâtir les grands morceaux à ras des motifs en laissant dépasser

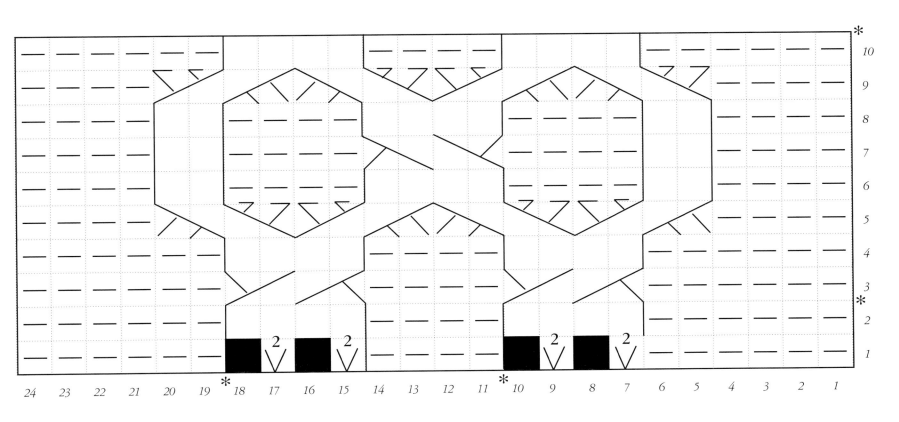

*

10

9

8

7

6

5

4

3

2

1

*

*

| 24 | 23 | 22 | 21 | 20 | 19 | * | 18 | 17 | 16 | 15 | 14 | 13 | 12 | 11 | * | 10 | 9 | 8 | 7 | 6 | 5 | 4 | 3 | 2 | 1 |

répéter de ✻ *à* ✻

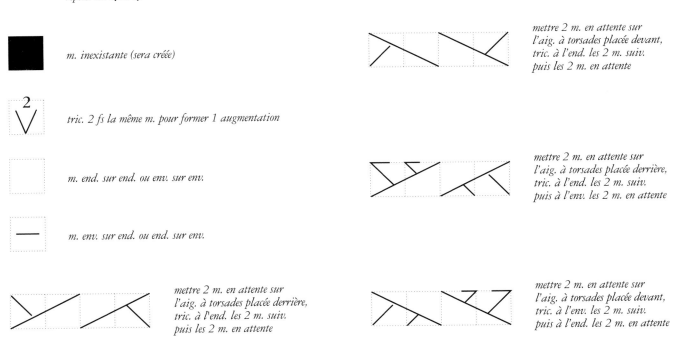

m. inexistante (sera créée)

tric. 2 fs la même m. pour former 1 augmentation

m. end. sur end. ou env. sur env.

m. env. sur end. ou end. sur env.

mettre 2 m. en attente sur l'aig. à torsades placée devant, tric. à l'end. les 2 m. suiv. puis les 2 m. en attente

mettre 2 m. en attente sur l'aig. à torsades placée derrière, tric. à l'end. les 2 m. suiv. puis à l'env. les 2 m. en attente

mettre 2 m. en attente sur l'aig. à torsades placée derrière, tric. à l'end. les 2 m. suiv. puis les 2 m. en attente

mettre 2 m. en attente sur l'aig. à torsades placée devant, tric. à l'env. les 2 m. suiv. puis à l'end. les 2 m. en attente

30 cm en haut et le reste en bas. Piquer les sangles à ras du tricot. Ensuite, piquer les sangles l'une sur l'autre au niveau des croisements. Couper deux morceaux d'auto-agrippant de 4 cm. Piquer une moitié sur une extrémité des sangles par-dessus le rentré. Poser le coussin sur le dossier pour déterminer l'emplacement exact de la deuxième moitié de l'auto-agrippant à piquer.

Le siège et le repose-jambes

Couper un rectangle en molleton de 25 x 32 cm et un autre rectangle en lin de 29 x 36 cm.

Les sangles horizontales mesurent 35 cm de longueur sur lesquelles on plie un rentré de 1 cm à chaque extrémité.

Les sangles verticales mesurent 2 m sur lesquelles on pique les mêmes rentrés.

Préparer le molleton, la toile et les sangles horizontales comme pour le dossier, puis épingler les sangles des côtés en laissant 50 cm en haut,

8 cm entre les deux coussins et le reste en bas. Piquer.

Poser l'auto-agrippant de manière à fixer les extrémités des sangles l'une sur l'autre, sous le siège.

Pour adapter les explications à un autre transat :

Mesurer les parties à garnir afin de dessiner des patrons semblables aux schémas, puis calculer la largeur et la hauteur des morceaux de tricot en sachant qu'ils sont recouverts sur 1 cm par les sangles.

Un motif du tricot est composé de 8 m. et des 8 rgs entre *, qui mesurent environ 2 cm de largeur et 2,3 cm de hauteur. Chaque motif supplémentaire élargira le coussin de 2 cm, il faut donc ajouter 6 m. sur le rang de montage pour chaque motif (les 2 augmentations du 1er rg donneront les 8 m. nécessaires). En hauteur, il est préférable de tricoter à chaque fois, en supplément, un motif entier pour que les diminutions soient placées juste après un croisement.

Couper le molleton aux mêmes dimensions que le tricot.

Couper la toile aux dimensions du tricot en ajoutant 2 cm tout autour.

Couper les sangles horizontales à la largeur du tricot plus 10 cm.

Mesurer la longueur des sangles verticales sur le transat pour que les extrémités se ferment l'une sur l'autre, en dessous du siège et sur l'arrière du dossier.

Dimensions (en cm) des éléments terminés

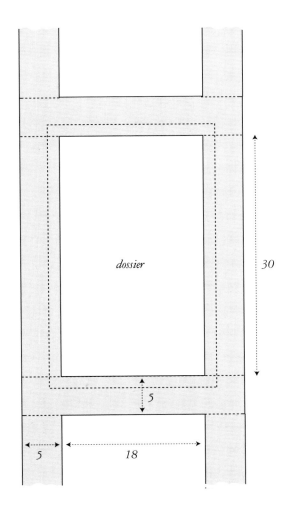

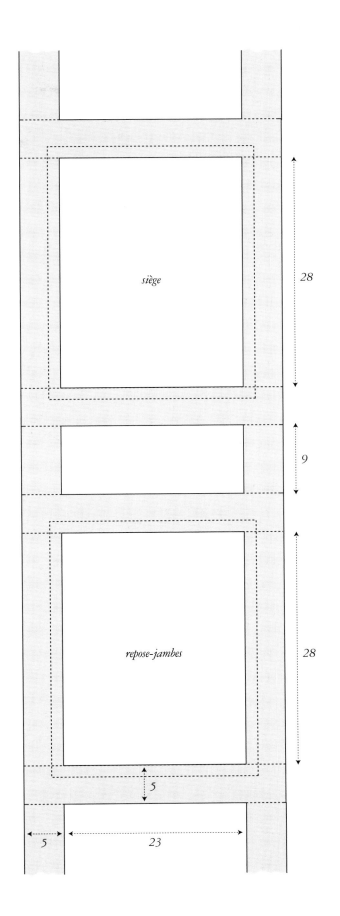

Paravent

Fournitures

Pour un paravent à trois panneaux, chaque panneau

mesurant 32 cm de largeur entre

les montants et 144 cm de hauteur entre les baguettes :

Fils à tricoter Bergère de France,

qualité « Laine de pays » (100 % laine peignée),

15 pelotes coloris Sibérie 211.25.

Aiguilles n° 3,5.

Une aiguille à torsades.

1 m de toile de lin en 1,40 m de largeur.

13 m de sangle en 5 cm de largeur.

54 œillets en métal Prym de 8,5 mm de diamètre.

16,50 m de cordon à passepoil

de 5 mm de diamètre.

Points employés

Jersey endroit :
** 1 rg endroit,
1 rg envers *.*

Point torsadé :
suivre la grille.

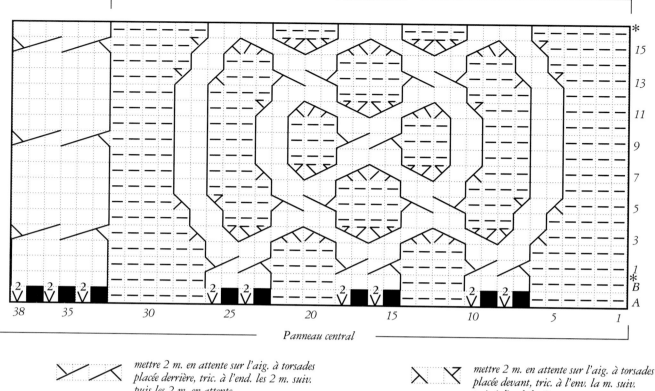

Panneau central

répéter de ✳ à ✳

■ m. inexistante
(sera créée)

²V tric. 2 fs la même m.
pour former 1 augmentation

☐ m. end. sur end. ou
env. sur env.

– m. env. sur end.
ou end. sur env.

mettre 2 m. en attente sur l'aig. à torsades
placée derrière, tric. à l'end. les 2 m. suiv.
puis les 2 m. en attente

mettre 2 m. en attente sur l'aig. à torsades
placée devant, tric. à l'end. les 2 m. suiv.
puis les 2 m. en attente

mettre 1 m. en attente sur l'aig. à torsades
placée derrière, tric. à l'end. les 2 m. suiv.
puis à l'env. la m. en attente

mettre 2 m. en attente sur l'aig. à torsades
placée devant, tric. à l'env. la m. suiv.
puis à l'end. les 2 m. en attente

mettre 2 m. en attente sur l'aig. à torsades
placée derrière, tric. à l'end. les 2 m. suiv.
puis à l'env. les 2 m. en attente

mettre 2 m. en attente sur l'aig. à torsades
placée devant, tric. à l'env. les 2 m. suiv.
puis à l'end. les 2 m. en attente

Réalisation

Les panneaux latéraux

Pour la bande tricotée, monter 26 m. Tricoter 1 rg envers sur envers puis 2 rgs de jersey endroit. Continuer en tricotant le début du rg A de la grille en faisant les augmentations indiquées = 32 m. Revenir en tricotant le rg B puis répéter 24 fois les rgs 1 à 16. Terminer en tricotant 1 rg endroit sur endroit en remplaçant les augmentations par des diminutions pour retrouver 26 m., puis 2 rgs jersey endroit et rabattre. Tricoter trois autres bandes semblables.

Le panneau central

Pour la bande tricotée, monter 55 m. Tricoter 1 rg envers sur envers puis 2 rgs de jersey endroit. Continuer en tricotant le rg A de la grille en faisant les augmentations indiquées : tricoter les 38 m. de la grille puis reprendre de la 1ʳᵉ à la 32ᵉ m. = 70 m. La petite torsade centrale est encadrée de chaque côté par la grande torsade. Revenir en tricotant le rg B puis répéter 24 fois les rgs 1 à 15. Terminer en tricotant 1 rg endroit sur endroit en remplaçant les augmentations par des diminutions pour retrouver 55 m., puis 2 rgs jersey endroit, et rabattre.

Montage

Dans la toile de lin, couper trois rectangles de 33 x 140 cm pour doubler les panneaux. Repasser un rentré de 1,5 cm tout autour.

Dans la sangle, couper six bandes de 34 cm et huit bandes de 128 cm.

Les deux panneaux latéraux

Piquer une bande de sangle sur l'endroit des bandes tricotées en les faisant chevaucher de 1 cm, pour obtenir un rectangle de 30 cm de largeur. Repasser un rentré de 2 cm à chaque extrémité de deux bandes de sangle de 34 cm. Les piquer sur l'endroit, en haut et en bas du rectangle en les faisant chevaucher de 0,5 cm. Le rectangle terminé mesure 30 x 137 cm. Poser le rectangle, sangles et tricot, envers contre envers sur le rectangle de toile. Piquer le tour à ras du bord.

Le panneau central

Piquer la sangle de chaque côté du tricot en faisant chevaucher de 1 cm puis piquer les bandes de 34 cm en haut et en bas comme pour les panneaux latéraux. Piquer sur la toile.

Poser neuf œillets sur les bandes horizontales de chaque panneau en plaçant ceux des extrémités à 2 cm des bords et en espaçant les autres régulièrement.

Fixer les panneaux sur le paravent en passant du cordon alternativement dans les œillets autour du tourillon.

En haut, faire un nœud à 30 cm d'une extrémité du cordon, passer le cordon dans les œillets, bloquer par un autre nœud puis couper à 30 cm. Nouer les deux extrémités du cordon ensemble sur l'arrière en les laissant pendre. Faire un nœud sur chaque extrémité pour qu'elle ne s'effiloche pas. En bas, laisser dépasser 15 cm de cordon à chaque extrémité, puis bloquer en faisant un nœud coulant à ras de l'œillet sur l'arrière.

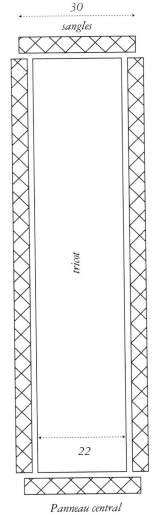

Panneau central

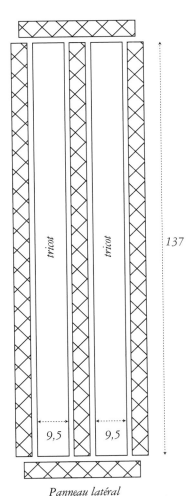

Panneau latéral

Dimensions en cm

Tapis carré

Fournitures

Pour un tapis carré de 135 cm de côté :

Fils à tricoter Bergère de France,

qualité « Coton pour macramé »,

15 cônes de 200 g, réf. 144.65.

Aiguilles n° 4.

5,50 m de sangle à tapisserie en 5 cm de largeur.

Fil pour coutures solides.

Points employés

**Point mousse :
tricoter toujours à
l'endroit.**

**Jersey endroit :
* 1 rg endroit,
1 rg envers.**

Réalisation

Le tapis est composé de 25 carrés
de 25 cm de côté : 17 carrés A et
8 carrés B.

Carré A : monter 41 m. avec les
aiguilles n° 4. Tricoter en suivant
la grille A et rabattre.

Carré B : même travail en suivant
la grille B.

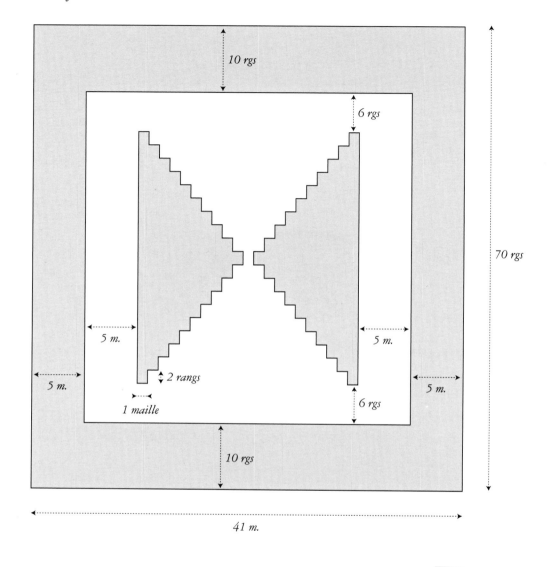

point mousse

jersey endroit

Montage

Réunir les carrés en bandes verticales
puis réunir ces bandes par une couture à points glissés en suivant le
schéma ci-contre.

Piquer la sangle tout autour sur
l'endroit en la pliant dans les angles.

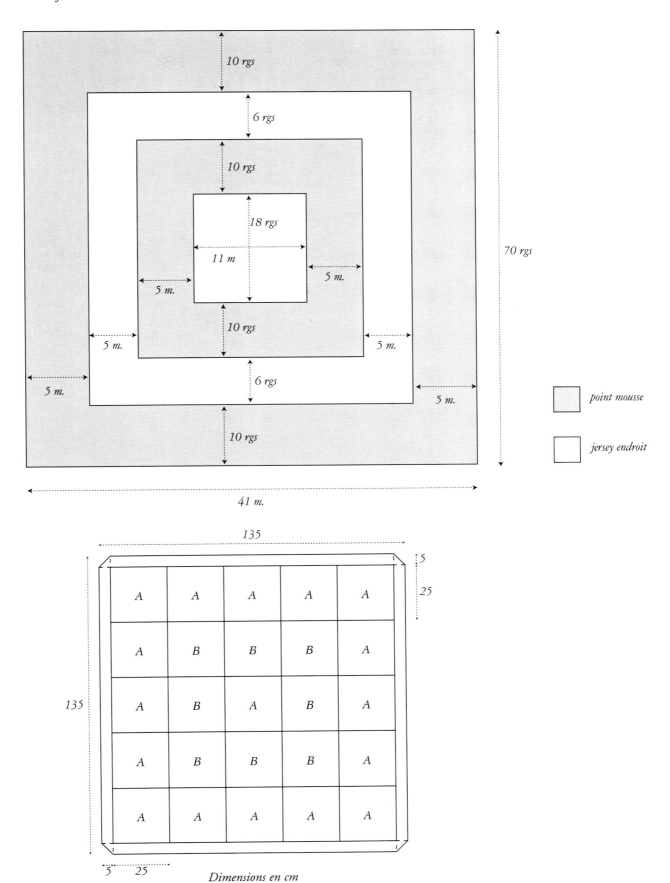

10 rgs

6 rgs

10 rgs

18 rgs

11 m

5 m.

5 m.

5 m.

70 rgs

10 rgs

5 m.

5 m.

6 rgs

5 m.

5 m.

10 rgs

41 m.

point mousse

jersey endroit

135

5

25

A	A	A	A	A
A	B	B	B	A
A	B	A	B	A
A	B	B	B	A
A	A	A	A	A

135

5 25

Dimensions en cm

Salon d'hiver

Housse de méridienne

Fournitures

Fils à tricoter Bergère de France,

qualité « Irland »

(80 % laine peignée, 13 % acrylique, 7 % viscose),

50 pelotes environ, coloris Lézard 216.58

(en fonction de la taille de la housse).

Aiguilles n° 3,5.

Fine toile thermocollante.

Toile à patron. Feutre à tissu.

Plombs à rideau.

Point employé

Jersey endroit :
* 1 rg endroit,
1 rg envers *.

Échantillon :
un carré de
10 cm en jersey
endroit, avec des
aiguilles n° 3,5
= 23 m. et 33 rgs.

Réalisation

En procédant morceau après morceau, épingler de la toile à patron sur chaque partie de la méridienne : dossier, accoudoirs, siège, tour, en l'enfonçant au plus profond.

Marquer le tour de chaque pièce au feutre à tissu. Enlever la toile à patron. Couper à 2 cm des marques. Épingler puis bâtir ensemble tous les morceaux. Ensuite, enfiler la housse à l'envers pour en vérifier le tombé. Apporter les éventuelles rectifications puis essayer la housse sur l'endroit. Si le résultat est satisfaisant enlever la housse. Couper sur les lignes de bâti. On obtient un patron pour chaque partie de la méridienne. Référencer chaque pièce pour monter ensuite la housse plus facilement.

Tricoter un panneau de jersey endroit d'au moins 30 m. et de 15 cm pour vérifier l'échantillon.

En prenant les mesures sur les patrons, calculer le nombre de mailles et de rangs nécessaires pour obtenir les bonnes dimensions. Par exemple, un panneau de 32 x 41 cm demande 74 m. et 136 rgs : 32 cm sur 23 m. = 74 m. ; 41 cm sur 33 rgs = 136 rgs. Calculer ainsi les augmentations, ou les diminutions, et le nombre de rangs nécessaires pour suivre les contours des patrons. Répartir les augmentations et les diminutions sur les rangs endroit. Pour tricoter ensuite avec plus de facilité, dessiner ces parties sur un papier quadrillé, un carré représentant une maille et un rang. Tricoter chaque morceau en ajoutant 1 m. de chaque côté pour la lisière. Les morceaux les plus grands, comme le tour, peuvent être tricotés en plusieurs parties qui seront assemblées avant le montage final. Pour éviter que la housse ne se déforme trop rapidement, on peut appliquer une fine toile thermocollante sur l'envers du siège.

Assembler toutes les pièces (en se référant aux indications) par des coutures solides.

Pour terminer, garnir le bas de la housse de plombs à rideaux, cousus sur l'envers à points invisibles.

Plaid

Fournitures

Pour un plaid carré de 90 cm de côté :

Fils à tricoter Bergère de France,

qualité « Mélodie »

(45 % mohair, 25 % laine, 30 % acrylique),

8 pelotes coloris Chevalet 238.03.

Aiguilles n° 2,5 et n° 3,5.

Une aiguille à torsades.

Points employés

Jersey endroit :
**** 1 rg endroit,***
1 rg envers *.

Jersey envers :
**** 1 rg envers,***
1 rg endroit *.

Côtes 1/1 :
**** 1 m. endroit,***
1 m. envers *.

Point torsadé :
répéter les 14 m.
et les 10 rgs de la grille.

Réalisation

Monter 274 m. sur les aiguilles n° 2,5. Tricoter 6 rgs de côtes 1/1. Avec les aiguilles n° 3,5 continuer au point torsadé en suivant la grille. Répéter les rgs 1 à 14, 19 fois, puis faire 2 m. envers, 4 m. endroit, 2 m. envers. Après le 26e croisement, tricoter le rang envers suivant, puis avec les aiguilles n° 2,5 tricoter 6 rgs de côtes 1/1 et rabattre.

Pour avoir un plaid de 180 x 180 cm, tricoter deux bandes semblables de 274 m. sur 180 cm. Les assembler par une piqûre endroit contre endroit, à 1 m. du bord. Il faut alors prévoir 32 pelotes de fil !

*répéter de * à **

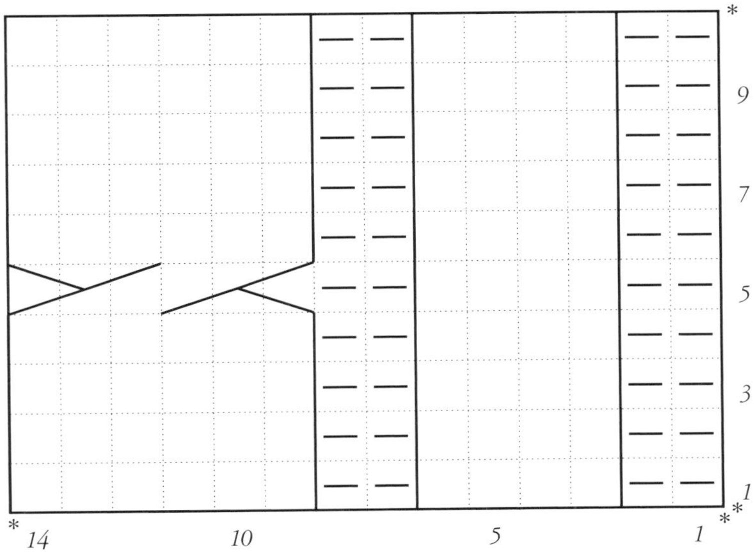

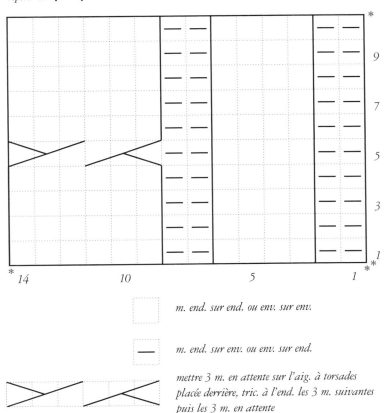

m. end. sur end. ou env. sur env.

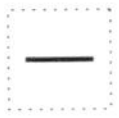

m. end. sur env. ou env. sur end.

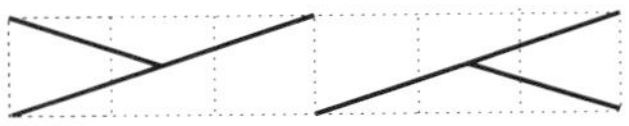

mettre 3 m. en attente sur l'aig. à torsades placée derrière, tric. à l'end. les 3 m. suivantes puis les 3 m. en attente

Coussin en tweed

Fournitures

Pour un coussin de 52 cm sur 42 cm :

Fils à tricoter Bergère de France,

qualité « Irland »

(80 % laine peignée, 13 % acrylique, 7 % viscose),

7 pelotes coloris Lézard 216.58.

Aiguilles n° 3,5.

Une aiguille à torsades.

Un coussin de 52 x 42 cm.

Points employés

Jersey endroit :
** 1 rg endroit,
1 rg envers *.*

Jersey envers :
** 1 rg envers,
1 rg endroit *.*

Point fantaisie :
*suivre la grille en
répétant les
mailles et les rangs
entre *.*

Réalisation

Pour le dessus

Monter 132 m. Tricoter 1 rg envers sur ce qui sera l'envers du travail puis 2 rgs de jersey endroit. Au rang endroit suivant, disposer ainsi les mailles : 4 m. envers, 2 fois les 62 m. de point fantaisie en faisant les augmentations indiquées sur la grille, puis de nouveau les 20 premières m., 4 m. envers = 152 m. ; la fin de ce

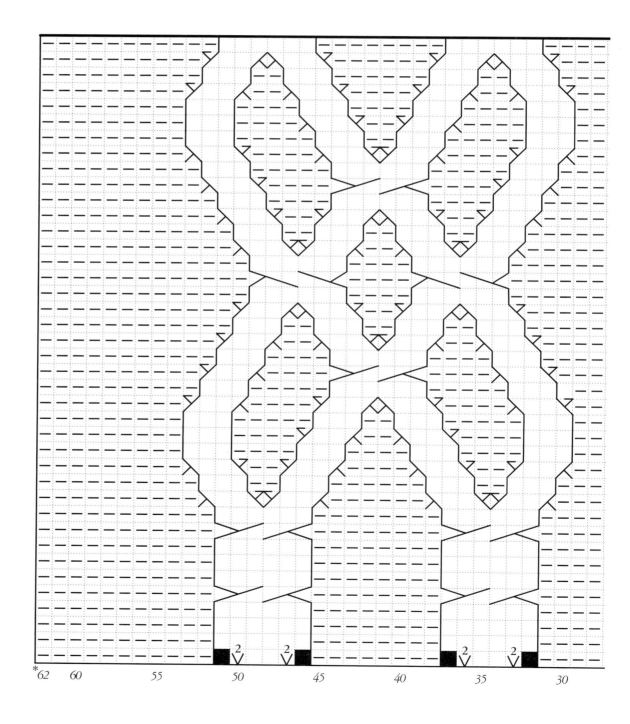

*62 60   55   50   45   40   35   30

rang correspond à celle du 1er rang de la grille. Tricoter les 3 rgs suivants puis répéter les rgs 5 à 40 pour la grande torsade (3 fois en comptant dès le 1er rg), terminer en répétant du rg 5 au rg 10 ; la reprise pour les deux petites torsades se fait après le 26e rg. Tricoter ensuite 1 rg en faisant des diminutions là où il y avait des augmentations au 1er rg, puis faire 2 rgs de jersey endroit et rabattre.

Pour le dessous

Monter 120 m. Tricoter en jersey endroit pendant 42 cm et rabattre souplement.

Montage

Appliquer dessus et dessous, endroit contre endroit. Piquer le tour en laissant une ouverture. Retourner. Glisser le coussin dans la housse de tricot. Fermer l'ouverture.

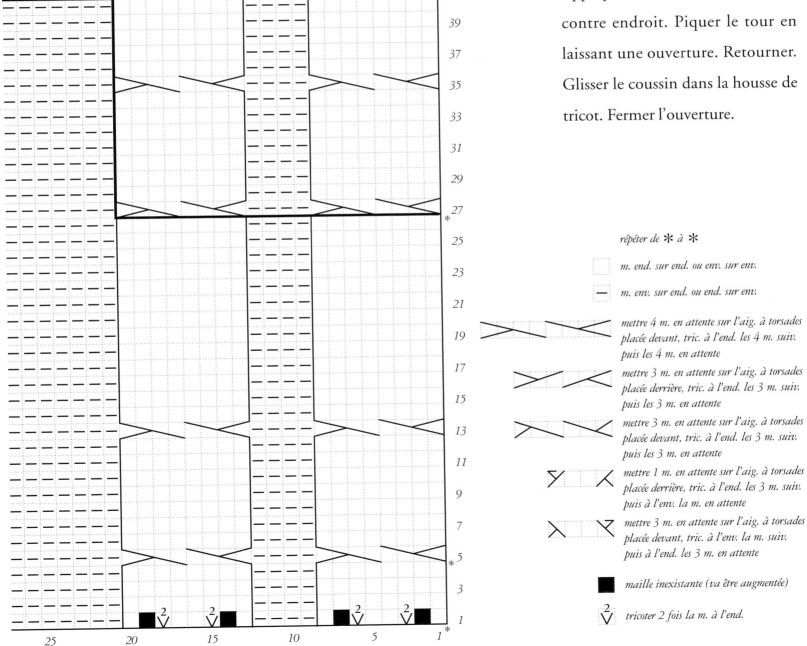

répéter de ✳ à ✳

☐ *m. end. sur end. ou env. sur env.*

— *m. env. sur end. ou end. sur env.*

mettre 4 m. en attente sur l'aig. à torsades placée devant, tric. à l'end. les 4 m. suiv. puis les 4 m. en attente

mettre 3 m. en attente sur l'aig. à torsades placée derrière, tric. à l'end. les 3 m. suiv. puis les 3 m. en attente

mettre 3 m. en attente sur l'aig. à torsades placée devant, tric. à l'end. les 3 m. suiv. puis les 3 m. en attente

mettre 1 m. en attente sur l'aig. à torsades placée derrière, tric. à l'end. les 3 m. suiv. puis à l'env. la m. en attente

mettre 3 m. en attente sur l'aig. à torsades placée devant, tric. à l'env. la m. suiv. puis à l'end. les 3 m. en attente

■ *maille inexistante (va être augmentée)*

V² *tricoter 2 fois la m. à l'end.*

Tapis long

Fournitures

Pour un tapis de 1,53 m de longueur sur 1 m de largeur :

Fils à tricoter Bergère de France,

qualité « Sport »

(51 % laine peignée, 43 % acrylique,

6 % chlorofibre Rhovyl),

31 pelotes coloris Naturel 271.66.

Une grosse aiguille à canevas.

Un crochet à tapis.

1,60 m de canevas à tapis (13 trous pour 10 cm).

8 m de sangle en 5 cm de largeur.

1,70 x 1,40 m de doublure à tapis.

Points employés

À l'aiguille :
point lancé.
Sortir l'aiguille
dans un trou
du canevas et la
passer sur l'envers
dans le trou
suivant ou en
sautant 1 trou.
Tous les points
lancés sont
brodés avec
4 brins de fil.

Au crochet :
point noué.
Plier 2 brins de fil
en boucle autour
du crochet.
Le glisser de bas en
haut sous le fil
de trame (1).
Poser les extrémités
du fil dans
le crochet (2). Tirer
vers le bas. Le
clapet se referme
sur les fils qui
passent alors
sous le fil
de trame
puis dans la
boucle (3). Serrer
le nœud (4).

Réalisation

Les chevrons sont réalisés alternativement au point lancé (broderie à l'aiguille) et au point noué (travail au crochet à tapis).

Pour broder, enfiler 4 brins de fil pas trop longs dans l'aiguille. Pour commencer ne pas faire de nœud. Laisser quelques centimètres de fil sur l'envers et les coincer dans les premiers points. Quand l'aiguillée est presque terminée, glisser les derniers centimètres de fil, sur l'envers, sous les derniers points. Glisser les premiers centimètres de l'aiguillée suivante, sur l'envers, sous les points déjà brodés.

Préparer les brins de fils qui seront noués : enrouler le fil autour d'une bande de carton fort ou d'une planche plate de 6 cm de largeur. Couper pour obtenir des brins de 12 cm de longueur. Pour chaque point, plier ensemble 2 brins autour du crochet.

Repérer le milieu du canevas et commencer à broder du milieu vers les extrémités, à 7 cm du bas. Former 10 chevrons = 121 points. Broder sur les 7 premières rangées de trous du canevas, puis répéter toujours les motifs des 15 rangées suivantes en alternant chevrons brodés et chevrons noués. Après le 12ᵉ chevron au point noué, terminer en brodant les mêmes points lancés qu'au début mais à l'inverse.

Retailler le canevas à 5 cm tout autour de la partie garnie. Égaliser les points noués avec de grands ciseaux. Poser la doublure et le tapis envers

Point noué

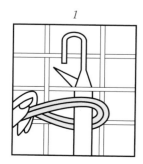

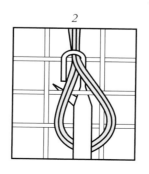

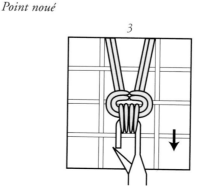

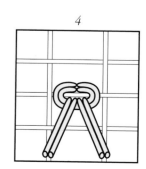

contre envers. Rabattre l'excès de doublure sur l'endroit du tapis en dégarnissant les angles pour éviter les épaisseurs. Bâtir. Piquer les deux bords d'une bande de sangle sur chaque longueur du tapis, d'une extrémité à l'autre.

Couper deux morceaux de sangle du double de la largeur du tapis plus 3 cm. Épingler sur l'endroit du tapis en faisant correspondre le milieu de la sangle et le milieu d'une largeur, plier l'excédent sur l'envers. Juxtaposer les extrémités de la sangle au milieu du dessous en rabattant 1,5 cm vers l'envers de la sangle.

répéter de ✳ à ✳

*point lancé d'un trou au trou suivant
(4 brins de fil)*

*point lancé d'un trou à l'autre
en sautant 1 trou (4 brins de fil)*

point noué (2 brins de fil)

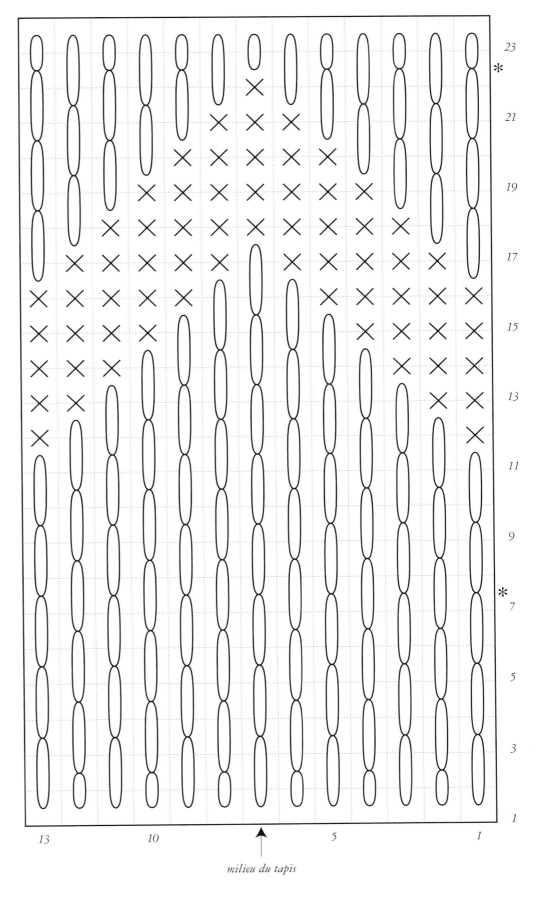

milieu du tapis

37

Salle à

manger

Nappe

Fournitures

Pour une nappe carrée de 136 cm de côté :

Fils à tricoter Bergère de France,

qualité « Coton Fifty »

(50 % coton, 50 % acrylique Dralon),

6 pelotes coloris Nougat 225.18.

Aiguilles n° 2,5.

3,50 m de toile de lin en 1,40 m de largeur.

Fil pour coutures solides.

4 carrés de fine toile thermocollante de 34 x 34 cm.

Réalisation

Pour les quatre carrés tricotés, monter 96 m. puis tricoter en suivant la grille et rabattre. On obtient quatre carrés de 34 cm de côté. Broder les points lancés (voir page 36) sur le jersey endroit (6 points pour obtenir une forme d'olive).

Montage

Appliquer la toile thermocollante sur l'envers des carrés en veillant à ne pas les déformer.

Pour le dessous de la nappe, couper un carré de toile de 140 cm de côté.

Pour le dessus, couper dans la toile les quatre bandes : 1, 2, 3 et 4, en ajoutant pour les coutures : 2 cm sur les biais et la grande longueur, 1 cm sur la petite longueur. Couper le centre 5 en ajoutant 1 cm tout autour.

Cranter les angles de la bande 5 sur 1 cm, puis repasser et bâtir vers l'envers un rentré de 1 cm sur les côtés de l'angle.

Piquer les quatre bandes endroit contre endroit, sur les biais, à 2 cm des bords, pour former un cadre. Ouvrir les coutures au fer. Assembler ce cadre et la bande 5 par des piqûres endroit contre endroit, à 1 cm des bords. Ouvrir les coutures au fer.

Repasser et bâtir vers l'envers un rentré de 1 cm sur les bords intérieurs du cadre.

Glisser les carrés sous la toile, bâtir les bords du tissu à ras des motifs, l'encadrement de jersey envers sert uniquement au montage.

Poser le dessus et le dessous de la nappe endroit contre endroit. Piquer le tour à 2 cm des bords en laissant une ouverture. Retourner. Fermer l'ouverture. Repasser. Piquer le tour des carrés le plus près possible des bords du tissu, à travers toutes les épaisseurs.

Garnir chaque angle d'un gros gland : couper un carton fort de 10 cm de largeur. Enrouler le coton une centaine de fois autour du carton. Glisser un fil double entre le carton et le fil, puis nouer serré. Enlever l'ensemble du carton. Enrouler plusieurs fois du fil autour des brins, juste en dessous du lien. Nouer. Couper l'extrémité opposée. Égaliser les brins. Coudre solidement dans l'angle.

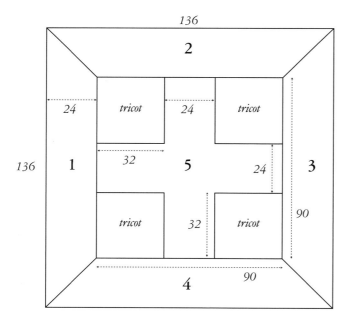

Dimensions (en cm) de la nappe terminée

Points employés

Point mousse : tricoter toujours à l'endroit.

Jersey endroit : * 1 rg endroit, 1 rg envers *.

Jersey envers : * 1 rg envers, 1 rg endroit *.

Échantillon : un carré de 10 cm sur l'ensemble des points (en suivant la grille) avec des aiguilles n° 2,5 = 27 m. et 43 rgs.

Il est important de vérifier l'échantillon pour que le centre des carrés tricotés mesure bien 32 cm de côté.

⊠ point mousse

☐ jersey endroit

▢ jersey envers

‖‖ point lancé sur 3 m. ou 3 rgs

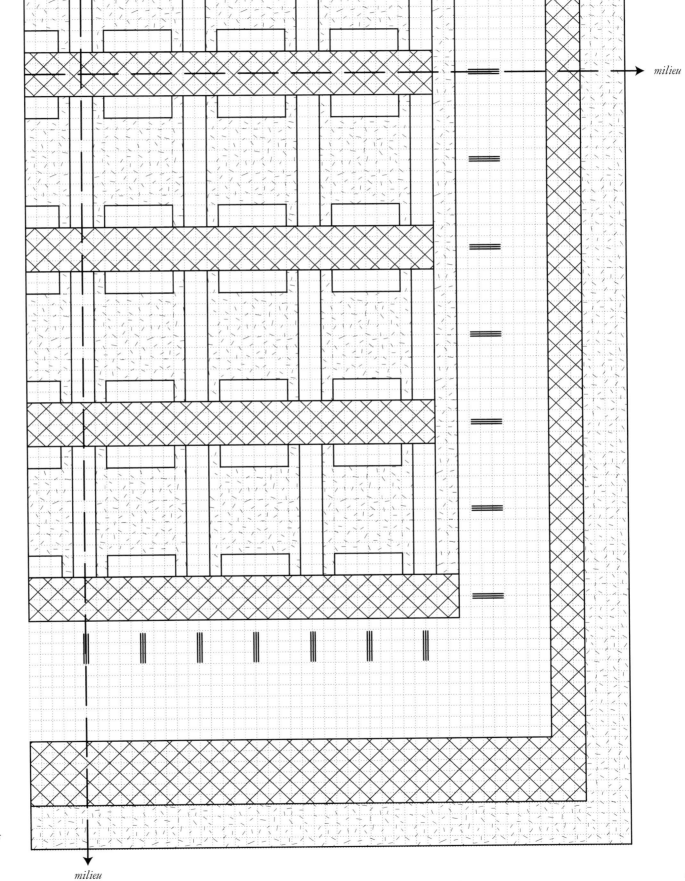

milieu

milieu

Embrasses

Fournitures

Pour deux embrasses de 15 cm de largeur

sur 78 cm de longueur :

Fils à tricoter Bergère de France,

qualité « Laine de pays » (100 % laine peignée),

2 pelotes coloris Sibérie 211.25.

Une aiguille à tapisserie.

Deux fois 21 x 54 cm de canevas Pénélope (4 trous au cm).

100 cm de toile de lin en 140 cm de largeur.

Un paquet de boutons

Bergère de France réf. 134.68.

Fil assorti.

Points employés

Point de diable double (A) : sortir l'aiguille en 1, la passer sur l'envers en 1 b, la ressortir en 2 pour la passer sur l'envers en 2 b, en suivant la direction des flèches. Lorsque le carré est terminé, répéter le 1er point pour marquer une meilleure diagonale sur le dessus.

Damier (B) : sortir l'aiguille en A, la passer sur l'envers en 1, la ramener en B, passer en 2, sortir en C, passer en 3, sortir en C, passer en 4, sortir en B, passer en 5, sortir en A, passer en 6, sortir en D, passer en 7, sortir en E, passer en 8, sortir en E, passer en 9, sortir en D, passer en 10, sortir en A, passer en 11, sortir en F, passer en 12, sortir en G, passer en 13, sortir en G, passer en 14, sortir en F, passer en 15, sortir en A, passer en 16, sortir en H, passer en 17, sortir en I, passer en 18, sortir en I, passer en 19, sortir en H, et terminer en passant en 20.

Point lancé : sortir l'aiguille dans un trou du canevas puis, en suivant le schéma, la passer sur l'envers 2 trous plus loin, que les points soient verticaux ou horizontaux (voir la grille).

Point de croix : broder en suivant le schéma pour le placement des points. Quand les points sont disposés en ligne, ils peuvent être brodés en deux temps.

En partant de l'extrémité gauche du travail broder la première moitié des points, celle qui sera en dessous, puis au retour broder la seconde moitié. Quand les points sont disposés en rangées verticales, broder chaque point en entier l'un après l'autre (voir schémas).

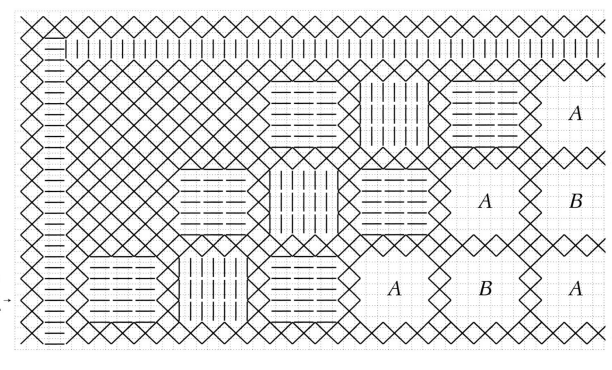

motif central →

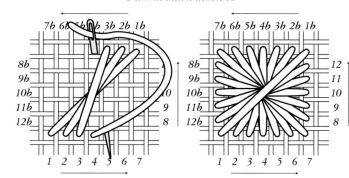

Point de diable double A

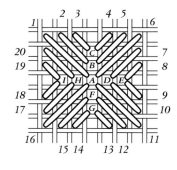

Damiers B

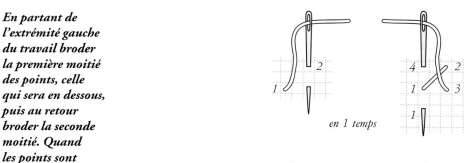

Point de croix

en 1 temps

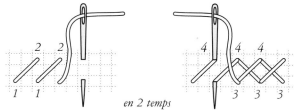

en 2 temps

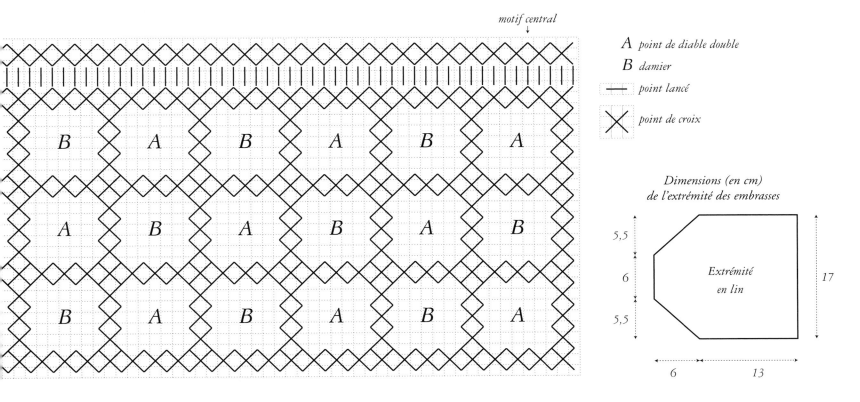

motif central

A *point de diable double*

B *damier*

—— *point lancé*

✕ *point de croix*

*Dimensions (en cm)
de l'extrémité des embrasses*

5,5

6

5,5

*Extrémité
en lin*

17

6

13

Réalisation

Surfiler le tour des deux morceaux de canevas pour éviter qu'ils ne s'effilochent. Repérer le centre de chaque morceau puis broder du centre vers l'extérieur. Utiliser des aiguillées assez courtes afin que la laine ne soit pas feutrée par les frottements répétés contre le canevas. Retailler le canevas pour ne garder que 1 cm tout autour de la broderie. Couper dans la toile deux rectangles de 18 x 50 cm.

Repasser un double rentré de 1 cm sur chaque longueur. Poser le cane-

vas sur la toile en glissant les bords sous les rentrés. Piquer bien au ras de la broderie.

Pour les extrémités, couper huit morceaux en suivant le schéma ci-dessus, et pour les liens quatre bandes de 4 x 80 cm.

Repasser un rentré de 1 cm sur chaque longueur des bandes puis les plier en deux, envers contre envers. Piquer. Plier les bandes en deux.

Poser les extrémités deux par deux, l'une sur l'autre, endroit contre endroit. Glisser un lien plié entre les deux épaisseurs par le côté le plus

large, jusqu'à ce que la pliure soit au niveau de l'extrémité. Piquer le tour à 1 cm des bords en laissant ouverte l'extrémité de 17 cm. Retailler les rentrés dans les angles. Retourner. Repasser. Repasser vers l'envers un rentré de 2 cm sur le bord ouvert. Glisser la partie brodée à l'intérieur. Piquer. Surpiquer le tour des extrémités à 1 cm des bords. Nouer le bout des liens.

Coudre trois boutons sur une extrémité de chaque embrasse à 2,5 cm de la broderie, le premier au milieu, les deux autres à 4 cm.

Coussin plat

Fournitures

Pour un coussin plat de 67 cm de longueur

sur 30 cm de largeur :

Fils à tricoter Bergère de France,

qualité « Laine de pays » (100 % laine peignée),

4 pelotes coloris Sibérie 211.25.

Aiguilles n° 3,5.

Une aiguille à torsades.

50 cm de toile de lin en 140 cm de largeur.

20 cm de ruban auto-agrippant en 2 cm de largeur.

2 m de ganse à passepoil de 0,5 cm de diamètre.

Fil pour coutures solides.

Un coussin plat de 67 x 30 cm, ou

60 x 67 cm de nappe polyester épaisse.

Points employés

Jersey endroit :
* 1 rg endroit,
1 rg envers *.

Jersey envers :
* 1 rg envers,
1 rg endroit *.

Point fantaisie :
tricoter les 44 m. de
la grille en répétant
4 premiers rgs
pour les petites
torsades des
extrémités,
les 42 rgs pour le
motif central.

Montage

Pour le dessous du coussin, couper deux rectangles en toile de lin de 44 x 34 cm. Sur une largeur de chacun des morceaux, plier un rentré de 1 cm puis de 3 cm. Piquer. Piquer une partie de l'auto-agrippant sur l'ourlet d'une partie et sous l'ourlet de l'autre pour les maintenir fermées. Dans la toile de lin, couper deux bandes de 5 x 140 cm. Les piquer l'une au bout de l'autre, puis plier envers contre envers dans la longueur. Glisser la ganse à passepoil dans la pliure, piquer au plus près avec le pied ganseur de la machine à coudre. Bâtir le passepoil sur l'endroit du dessus, bourrelet tourné vers le centre du tricot, aligné sur les motifs des extrémités, et sur le premier et le dernier rang de point fantaisie. Poser le dessous endroit contre endroit du dessus. Bâtir. Piquer tout le tour au plus près du passepoil. Retourner. Glisser le coussin ou la mousse pliée en deux à l'intérieur.

Réalisation

Pour le dessus tricoté, monter 95 m. Tricoter 1 rg envers sur ce qui sera l'envers du travail, puis 2 rgs de jersey endroit. Continuer ainsi : 3 m. jersey envers, 44 m. de point fantaisie, 1 m. jersey envers, 44 m. de point fantaisie, 3 m. jersey envers. Après 210 rgs (5 fois la hauteur de la grille), tricoter 3 rgs de jersey endroit et rabattre.

☐	*m. end. sur end. ou env. sur env.*
—	*m. env. sur end. ou end. sur env.*
	mettre 1 m. en attente sur l'aig. à torsades placée devant, tric. à l'end. les 2 m. suiv. puis la m. en attente
	mettre 2 m. en attente sur l'aig. à torsades placée derrière, tric. à l'end. la m. suiv. puis les 2 m. en attente
	mettre 1 m. en attente sur l'aig. à torsades placée derrière, tric. à l'end. les 2 m. suiv. puis à l'env. la m. en attente
	mettre 2 m. en attente sur l'aig. à torsades placée devant, tric. à l'env. la m. suiv. puis à l'end. les 2 m. en attente
	mettre 2 m. en attente sur l'aig. à torsades placée derrière, tric. à l'end. les 2 m. suiv. puis les 2 m. en attente
	mettre 2 m. en attente sur l'aig. à torsades placée devant, tric. à l'end. les 2 m. suiv. puis les 2 m. en attente

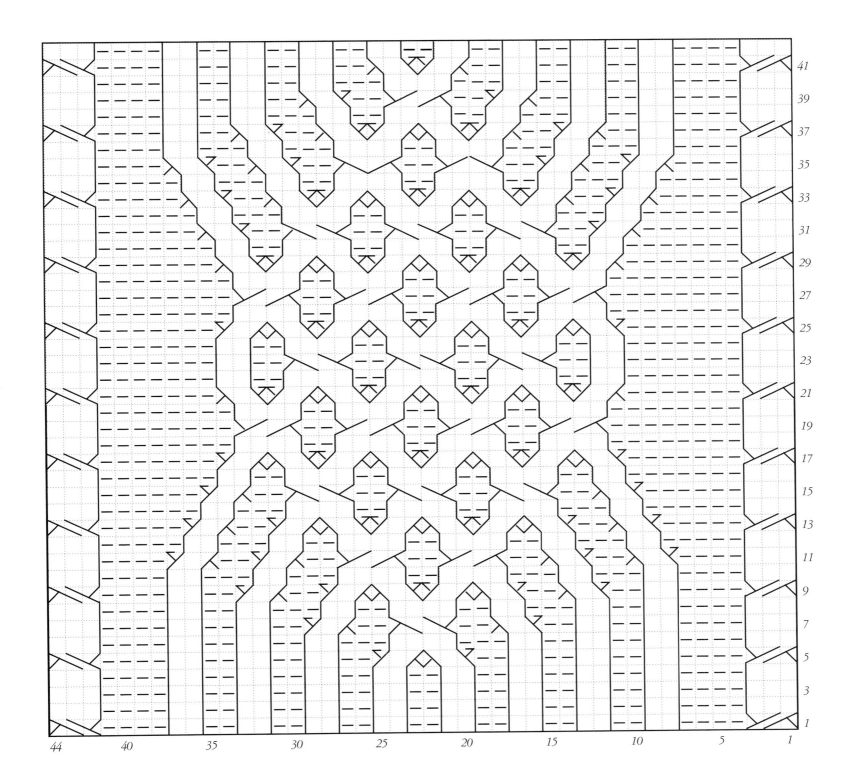

41
39
37
35
33
31
29
27
25
23
21
19
17
15
13
11
9
7
5
3
1

44   40   35   30   25   20   15   10   5   1

51

Chambre

Dessus-de-lit

Fournitures

Pour un lit en 130 cm de largeur,

le dessus-de-lit terminé

mesure environ 216 cm de largeur sur 274 cm de longueur.

Fils à tricoter Bergère de France,

qualité « Laine de pays » (100 % laine peignée),

18 pelotes coloris Sibérie 211.25.

Aiguilles n° 3,5.

Une aiguille à torsades.

6 m de toile de lin en 1,40 m de largeur

(les chutes peuvent être utilisées pour confectionner

les housses des oreillers).

Points employés

Jersey endroit :
* 1 rg endroit,
1 rg envers *.

Jersey envers :
* 1 rg envers,
1 rg endroit *.

Point torsadé :
tricoter les 23 m. de
la grille A
en répétant les
8 rgs entre *.

Point fantaisie
central :
tricoter les 50 m. de
la grille B
en répétant les
34 rgs entre *.

Point de trinité :
1er et 3e rgs
(endroit
du travail) :
à l'envers ;
2e rg : * 3 m.
ensemble à l'envers,
3 m. dans la m.
suivante
(1 m. endroit,
1 m. envers
et 1 m. endroit) * ;
4e rg : * 3 m. dans
1 m. (1 m. endroit,
1 m. envers
et 1 m. endroit),
3 m. ensemble à
l'endroit *.
Répéter toujours
ces 4 rgs. Sur les
rangs pairs on a
alternativement
11 m. et 9 m.

Les grilles A et B
sont également
utilisées pour
la housse d'oreiller
page 59.

Réalisation

Pour la bande tricotée, monter 105 m. Tricoter 5 rgs de jersey endroit, 1 rg endroit sur l'envers pour la pliure de l'ourlet, 6 rgs de jersey endroit. Tricoter le rang suivant en disposant ainsi les mailles : sur les 20 m. de A, tricoter le 1er rg en faisant les 3 augmentations indiquées, 11 m. de point de trinité ; sur les 43 m. suivantes tricoter le 1er rg de B en faisant les 7 augmentations indiquées, 11 m. de point de trinité ; sur les 20 m. suivantes tricoter le 1er rg de A en faisant les

3 augmentations indiquées = 118 m. Revenir en tricotant le 2e rg puis répéter les rangs entre *. À 272 cm de hauteur totale mesurée depuis la pliure de l'ourlet, sur 1 rg envers, répartir des diminutions pour retrouver les 109 m. Tricoter 6 rgs de jersey endroit, 1 rg envers sur l'endroit pour la pliure de l'ourlet, 5 rgs de jersey endroit et rabattre.

Montage

Dans la toile de lin, couper deux bandes de 0,97 x 2,81 m en éliminant les lisières qui raidissent le tissu.

répéter de ✳ à ✳

m. end. sur end. ou env. sur env.

m. env. sur end. ou end. sur env.

mettre 2 m. en attente sur l'aig. à torsades placée derrière, tric. à l'end. la m. suiv. puis les 2 m. en attente

mettre 1 m. en attente sur l'aig. à torsades placée devant, tric. à l'end. les 2 m. suiv. puis la m. en attente

mettre 3 m. en attente sur l'aig. à torsades placée derrière, tric. à l'end. les 3 m. suiv. puis les 3 m. en attente

mettre 3 m. en attente sur l'aig. à torsades placée devant, tric. à l'end. les 3 m. suiv. puis les 3 m. en attente

mettre 2 m. en attente sur l'aig. à torsades placée derrière, tric. à l'end. les 4 m. suiv. puis les 2 m. en attente

mettre 4 m. en attente sur l'aig. à torsades placée devant, tric. à l'end. les 2 m. suiv. puis les 2 m. en attente

mettre 2 m. en attente sur l'aig. à torsades placée derrière, tric. à l'end. les 4 m. suiv. puis à l'env. les 2 m. suiv.

mettre 4 m. en attente sur l'aig. à torsades placée devant, tric. à l'env. les 2 m. suiv. puis à l'end. les 4 m. en attente

mettre 4 m. en attente sur l'aig. à torsades placée devant, tric. à l'end. les 4 m. suiv. puis les 4 m. en attente

maille inexistante (sera augmentée au cours du rang)

tricoter 2 fois la m. à l'end.

Sur une longueur, repasser vers l'envers un rentré de 2 cm. Surfiler ce bord. Sur les trois autres bords, repasser un double rentré de 2,5 cm pour les ourlets. Épingler les bords surfilés endroit contre endroit, de chaque côté de la bande tricotée, la pliure des 2 cm doit être alignée sur la maille qui borde les petites tresses des extrémités, les pliures des ourlets en haut et en bas doivent être alignées. Piquer. Repasser la couture sans écraser le tricot. Coudre à la main les ourlets de la bande tricotée. Piquer les autres ourlets.

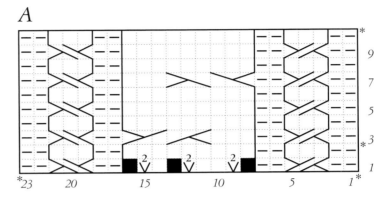

A

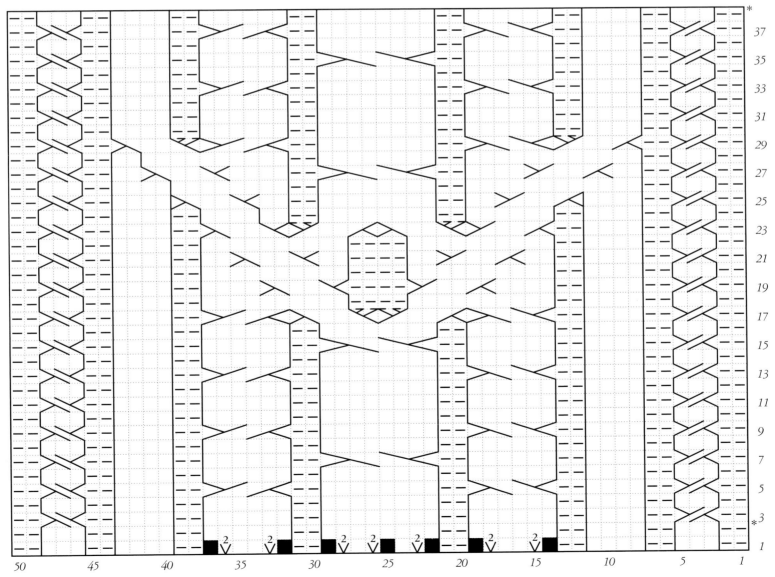

Housse
d'oreiller

Fournitures

Pour un ou deux oreillers carrés de 60 cm de côté :

Fils à tricoter Bergère de France,

qualité « Laine de pays » (100 % laine peignée),

5 pelotes coloris Sibérie 211.25 pour un oreiller,

9 pelotes pour deux oreillers.

Aiguilles n° 3,5.

Une aiguille à torsades.

1,70 m de toile de lin en 1,40 m de largeur

(ou les chutes du dessus-de-lit qui sont suffisantes pour

confectionner les deux housses).

Points employés

Jersey endroit :
* 1 rg endroit,
1 rg envers *.

Jersey envers :
* 1 rg envers,
1 rg endroit *.

Point torsadé :
tricoter les 23 m. de
la grille A en
répétant les 8 rgs
entre *.

**Point fantaisie
central :**
tricoter les 50 m. de
la grille B en
répétant
les 34 rgs entre *.

Point de trinité :
1er et 3e rgs
(endroit
du travail) :
à l'envers ;
2e rg : * 3 m.
ensemble à l'envers,
3 m. dans la m.
suivante
(1 m. endroit,
1 m. envers
et 1 m. endroit) * ;
4e rg : * 3 m.
dans 1 m.
(1 m. endroit,
1 m. envers
et 1 m. endroit),
3 m. ensemble à
l'endroit *.
Répéter toujours
ces 4 rgs. Sur les
rangs pairs on
a alternativement
11 m. et 9 m.

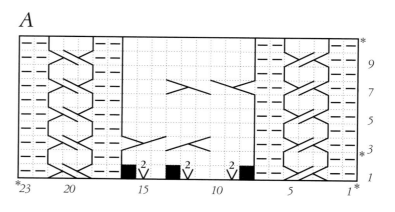

Réalisation

Pour la bande tricotée, monter 105 m. Tricoter 1 rg à l'envers sur ce qui sera l'envers du tricot, 2 rgs jersey endroit puis 1 rg en disposant ainsi les m. : sur les 20 m. tricoter le 1er rg de la grille A en faisant les 3 augmentations indiquées, 11 m. de point de trinité ; sur les 43 m. suivantes tricoter le 1er rg de B en faisant les 7 augmentations indiquées, 11 m. de point de trinité ; sur les 20 m. suivantes tricoter le 1er rg de A en faisant les 3 augmentations indiquées = 118 m. Revenir en tricotant le 2e rg puis répéter les rangs entre *. À 62 cm de hauteur totale, sur 1 rg envers, remplacer les augmentations par des diminutions pour retrouver les 109 m. Tricoter 4 rgs de jersey endroit et rabattre.

Montage

Dans la toile de lin, couper pour chaque housse (en éliminant les lisières) : 76 x 64 cm pour le fond du coussin, 2 fois 64 x 22 cm pour les côtés du dessus, et 12 fois 4 x 35 cm pour les liens. Repasser un rentré de 2 cm sur un bord de 64 cm de chaque bande des côtés. Surfiler ce bord. Piquer ces bandes endroit contre endroit, de chaque côté de la bande tricotée en alignant la pliure sur la maille qui borde les petites tresses des extrémités. Repasser la couture sans écraser le tricot. Poser le dessus et le dessous endroit contre endroit. Piquer le haut et le bas à 2 cm des bords. Repasser vers l'intérieur un double rentré de 3,5 cm à chaque extrémité. Piquer. Repasser vers l'envers un rentré de 0,5 cm sur chaque longueur des liens, les plier en deux envers contre envers. Piquer les longueurs. Coudre trois liens sur chaque extrémité du coussin, espacés de 15 cm, en les disposant bien l'un en face de l'autre pour pouvoir les nouer et fermer ainsi la housse. Nouer les extrémités libres pour empêcher le tissu de s'effilocher.

B

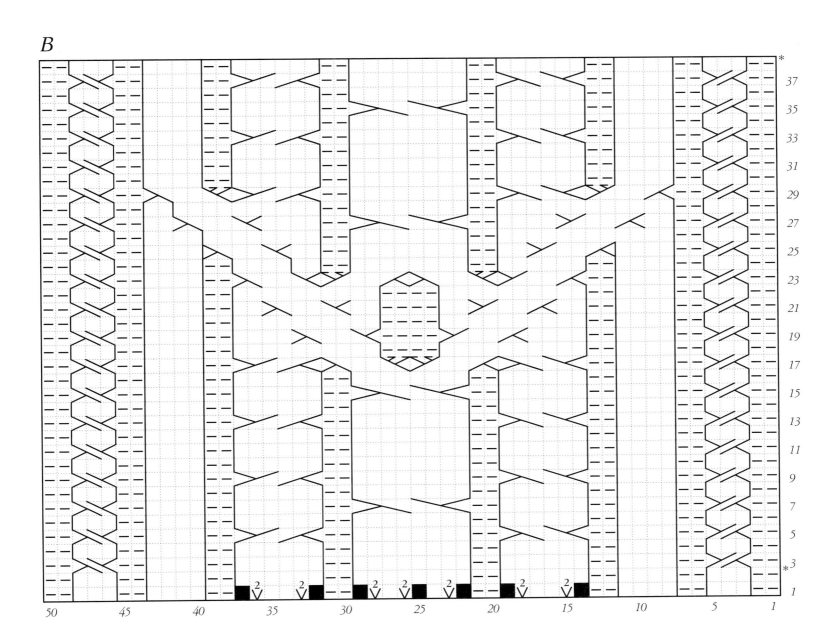

répéter de ✳ à ✳

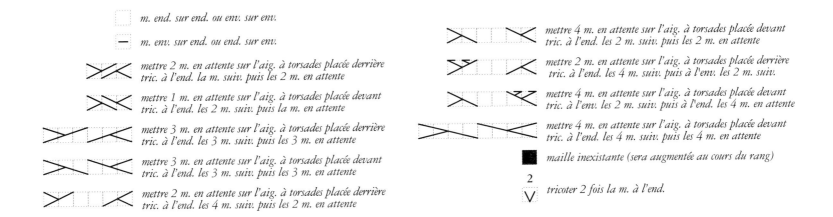

Traversin

Fournitures

Pour un traversin d'environ 20 cm de

diamètre et 70 cm de longueur :

Fils à tricoter Bergère de France,

qualité « Laine de pays » (100 % laine peignée),

8 pelotes coloris Sibérie 211.25.

Aiguilles n° 3,5.

Une aiguille à torsades.

Un tricotin Bergère de France réf. 151.18.

25 cm de toile thermocollante.

Deux gros boutons.

Un traversin de 70 cm de longueur.

Jersey endroit :
* 1 rg endroit,
1 rg envers *.

Jersey envers :
* 1 rg envers,
1 rg endroit *.

Point fantaisie :
suivre la grille
en répétant
les 49 m. et
les 20 rgs entre *.

Réalisation

Pour les deux extrémités du traversin, monter 193 m. Tricoter 1 rg à l'envers sur ce qui sera l'envers du travail.

1er rg : * 1 m. envers, 2 m. croisées, 1 m. envers, 12 m. endroit * 12 fois. Terminer par 1 m. envers.

2e rg et tous les rangs pairs : tricoter les mailles comme elles se présentent.

3e rg : * 1 m. envers, 2 m. croisées comme au 1er rg, 2 m. ensemble à l'envers, 11 m. endroit * 12 fois. Terminer par 1 m. envers.

Continuer ainsi en répétant les diminutions les unes au-dessus des autres tous les 2 rgs jusqu'à ce qu'il n'y ait plus de mailles endroit.

Au rang endroit suivant, tricoter ensemble à l'endroit les 2 m. croisées, revenir sur l'envers puis sur l'endroit tricoter les mailles deux par deux. Glisser le fil dans les mailles restantes. Serrer le centre. Fermer par une couture en prenant la maille envers de chaque extrémité.

Pour le tour du traversin, monter 167 m. Tricoter ainsi : 2 m. lisières, répéter 3 fois les 49 m. de la grille puis terminer par les 16 premières m. de la grille et 2 m. lisières. Répéter 10 fois les 20 rgs et rabattre souplement. Avec le tricotin, confectionner deux bandes de 60 cm de longueur.

Montage

Appliquer de la toile thermocollante sur l'envers des deux extrémités du traversin. La couper à ras du tricot. Fermer le tour en rond en cousant le rang de montage sur le rang d'arrêt sur 10 cm à chaque extrémité. Assembler les extrémités et le tour.

Glisser le traversin à l'intérieur de la housse. Fermer l'ouverture. Réunir les deux extrémités des bandes de tricotin, les coudre à points invisibles sur la couture, extrémités et tour, en les tendant un peu. Coudre un bouton au centre de chaque extrémité.

Pour allonger le traversin : ajouter 1 m. dans chaque bande de 5 m. endroit ; le traversin mesurera alors 75 cm. Ou ajouter 9 m. à chaque extrémité et en début de rang. Tricoter 2 m. lisières, les m. 41 à 49 de la grille, répéter ensuite 3 fois les 49 m. de la grille puis terminer par les 22 premières m. de la grille et 2 m. lisières. Le traversin mesurera alors environ 80 cm.

Le tricot, de toute façon, est très extensible et les motifs prennent plus de relief quand il est bien tendu. Pour garnir la housse, utiliser de préférence de la mousse polyester en plaque. Couper une bande de 75 cm de largeur et d'au moins 2,50 m de longueur. La rouler serré puis la glisser dans la housse.

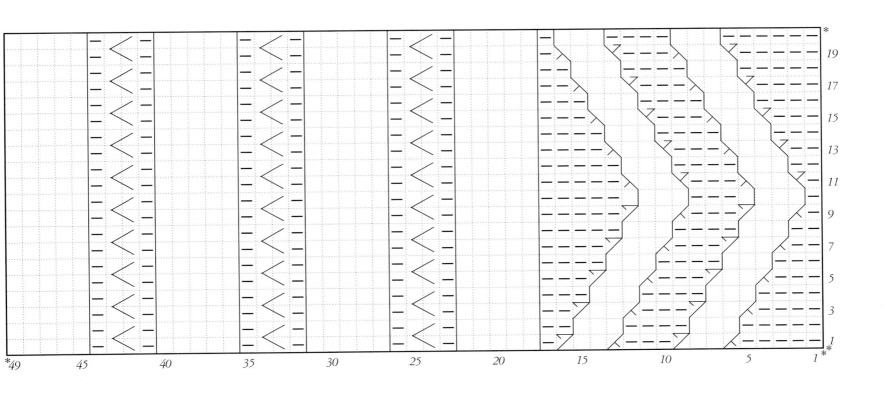

répéter de ✳ à ✳

  m. end. sur end. ou env. sur env.

— m. env. sur end. ou end. sur env.

sur l'endroit : en passant devant la 1re m. tric. la 2e à l'end. puis la 1re, laisser tomber les 2 m. de l'aig.

sur l'envers : en passant derrière la 1re m. tric. la 2e à l'env. puis la 1re, laisser tomber les 2 m. de l'aig.

mettre 1 m. en attente sur l'aig. à torsades placée derrière, tric. à l'end. les 3 m. suiv., puis à l'env. la m. en attente

mettre 3 m. en attente sur l'aig. à torsades placée devant, tric. à l'env. la m. suiv., puis à l'end. les 3 m. en attente

Repose-pieds

Fournitures

Fils à tricoter Bergère de France,

qualité « Laine de pays » (100 % laine peignée),

2 pelotes coloris Sibérie 211.25.

Un repose-pieds de 38 x 28 cm et 15 cm de hauteur.

0,20 x 1,40 m de toile de lin.

Fil pour coutures solides assorti.

30 x 40 cm de canevas Pénélope (4 trous au cm).

Un tricotin Bergère de France réf. 151.18.

1,20 m de ganse à passepoil de 0,5 cm de diamètre.

Une aiguille à canevas.

Points employés

Point de Norwich (A) : utiliser un long fil pour ne pas avoir à l'arrêter pendant la broderie du point. Tous les points du fond suivent la ligne extérieure des trous du canevas. Sortir l'aiguille en 1, la passer sur l'envers en 2, la ressortir en 3, et ainsi jusqu'au dernier point.

Point de croix double (B) : il est composé de deux points de croix, le premier en diagonale (1 à 4), le 2e droit (5 à 8). Tous les points sont travaillés dans le même ordre.

Point de diable double (C) : sortir l'aiguille en 1, la passer sur l'envers en 1 b, la ressortir en 2 pour la passer sur l'envers en 2 b, en suivant la direction des flèches. Lorsque le carré est terminé, répéter le 1er point pour marquer une meilleure diagonale sur le dessus.

Point lancé : sortir l'aiguille dans un trou du canevas puis, en suivant la grille pages 70 et 71, la passer sur l'envers dans le trou indiqué.

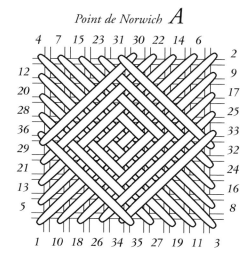

Point de Norwich A

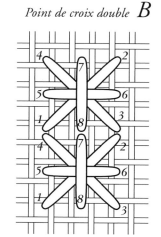

Point de croix double B

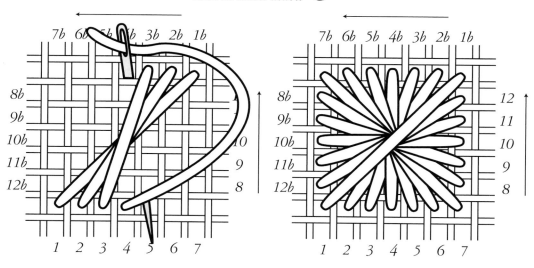

Point de diable double C

Réalisation

Préparer le dessus : surfiler le tour du canevas pour éviter qu'il ne s'effiloche. Repérer le milieu de la grille et le milieu du canevas. Broder du centre vers l'extérieur : A (point de Norwich), B (point de croix double) et C (point de diable double) en suivant les deux schémas ci-dessus ; les points lancés sont dans le sens et sont de la longueur dessinés sur la grille pages 70 et 71.

Couper dans la toile de lin une bande de 0,5 x 1,20 m. La plier envers contre envers. Glisser la ganse dans la pliure. Piquer au plus près en utilisant le pied ganseur de la machine.

Bâtir sur l'endroit du canevas, à ras de la broderie, bourrelet tourné vers le centre. Pour fermer le passepoil en rond, découdre sur quelques centimètres à chaque extrémité. Couper le bourrelet de manière à juxtaposer les extrémités. Retailler le tissu, plier une des extrémités, la coudre à petits points par-dessus l'autre. Refaire la piqûre sur les centimètres décousus.

Couper les quatre pièces du tour en suivant les patrons. Les piquer endroit contre endroit, les unes au bout des autres, à 1 cm des bords, en alternant A et B. Ouvrir les coutures au fer. Plier un rentré de 2 cm puis de 3 cm dans le bas. Piquer.

Bâtir le haut du tour endroit contre endroit, sur le dessus brodé, en alignant la ligne de couture sur la piqûre du passepoil. Piquer. Retourner.

Avec le tricotin, confectionner une bande de 1,10 m. Réunir les deux extrémités, puis coudre la bande légèrement tendue sur la piqûre de l'ourlet.

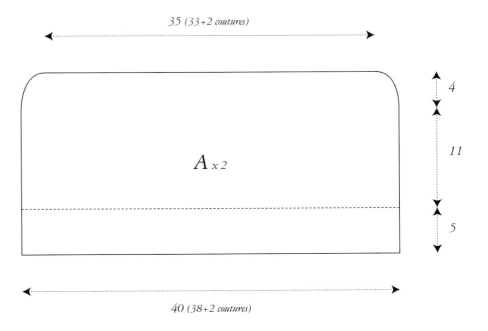

Dimensions en cm

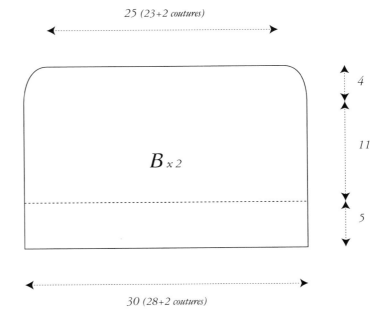

A *point de Norwich*
B *point de croix double*
C *point de diable double*
/ *point lancé*

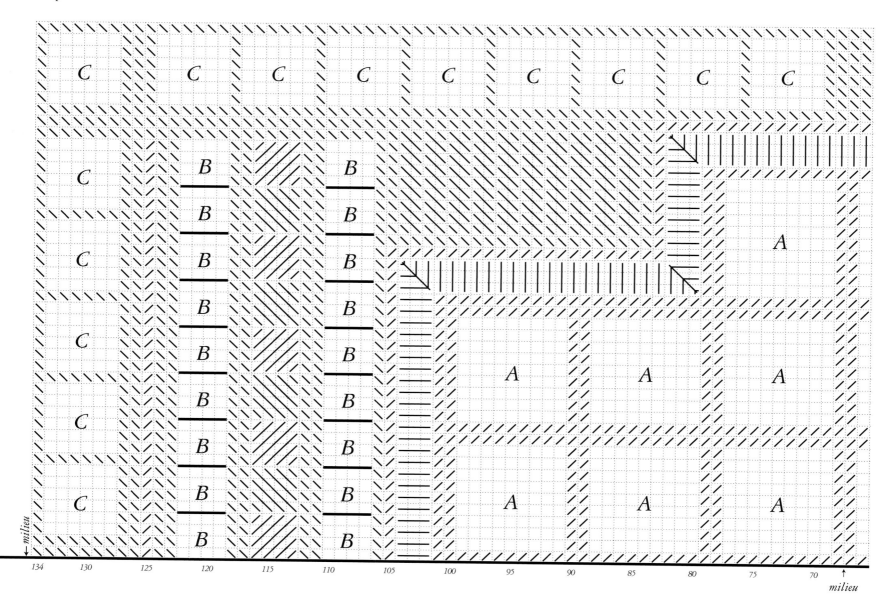

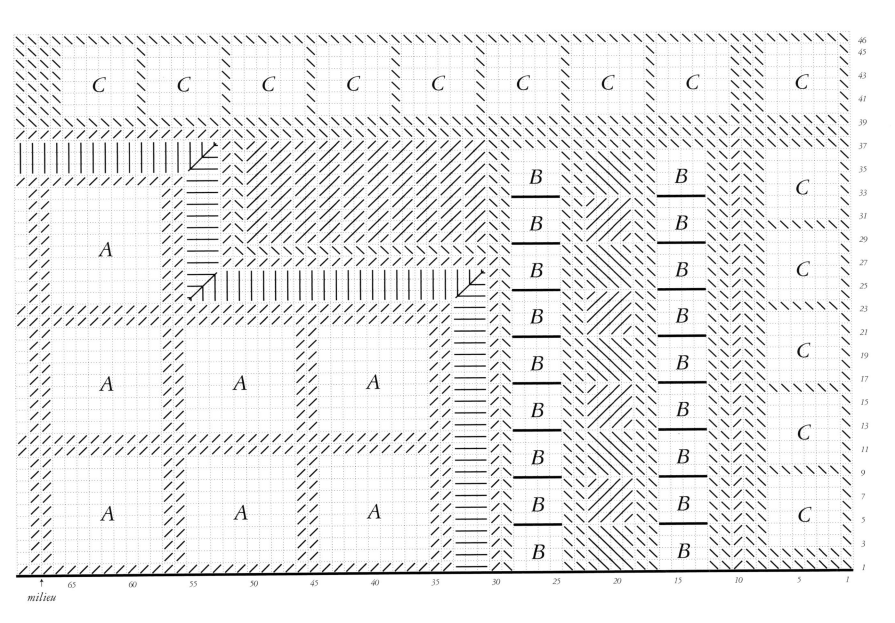

C   C   C   C   C   C   C   C   C

46
45
43
41
39
37
35
33
31
29
27
25
23
21
19
17
15
13
11
9
7
5
3
1

A

B   B   C
B   B
B   B   C
B   B
B   B   C

A   A   A

B   B
B   B   C
B   B
A   A   A   B   B   C
B   B

65   60   55   50   45   40   35   30   25   20   15   10   5   1

milieu

71

Salon d'été

Trois coussins

Fournitures

Pour chaque coussin de 35 cm sur 55 cm :

Fils à tricoter Bergère de France, qualité « Laine de pays »

(100 % laine peignée), 2 pelotes coloris Sibérie 211.25.

Aiguilles n° 4.

Une aiguille à torsades.

40 cm de toile de lin en 140 cm de largeur.

Fil à coudre assorti.

80 cm de ganse à passepoil de 0,5 cm de diamètre.

Un coussin Bergère de France de 35 x 35 cm réf. 198.62.

Six pressions en plastique.

Coussin A (ci-contre, en bas) :

deux rondelles de bois de 4,5 cm de diamètre ;

30 cm de ganse à passepoil de 0,5 cm de diamètre.

Coussin B (ci-contre, au centre) :

six rondelles de bois de 4,5 cm de diamètre ;

un tricotin Bergère de France réf. 151.18.

Coussin C (ci-contre, en haut) :

quatre rondelles de bois de 4,5 cm de diamètre ;

60 cm de cordelière coloris lin.

Coussin A
(deux rondelles)

Points employés

Jersey endroit :
* 1 rg endroit,
1 rg envers *.

Point fantaisie :
suivre la grille.
Tricoter le 1ᵉʳ rg
puis répéter
les rgs 2 à 9.

Réalisation

Pour le dessus en tricot, monter 84 m. Tricoter 2 rgs jersey endroit. Au 3ᵉ rg tricoter ainsi : 2 m. lisières, * 2 m. envers, 4 m. endroit * 13 fois. Terminer par 2 m. envers et 2 m. lisières. Revenir en tricotant les mailles comme elles se présentent. Tricoter le 5ᵉ rg ainsi : 2 m. lisières tricotées à l'endroit ; sur les 72 m. suivantes, répéter 4 fois le 1ᵉʳ rg de la grille en faisant les augmentations indiquées puis terminer par 2 m. envers, 4 m. endroit, 2 m. envers et 2 m. lisières tricotées à l'endroit. On a 100 m. Continuer en répétant les rgs 2 à 9 de la grille.

À 36 cm de hauteur totale, tricoter 1 rg en diminuant 2 m. dans chaque torsade (tricoter 2 fois 2 m. ensemble). Continuer en jersey endroit et rabattre au 4ᵉ rg.

Montage

Pour chaque coussin, couper dans la toile :

– pour le dessous, un rectangle de 75 x 39 cm ;

– pour les extrémités du dessus, deux rectangles de 22 x 39 cm ;

– pour recouvrir la ganse, deux bandes de 5 x 39 cm.

Couper la ganse en deux morceaux de 40 cm. Plier les bandes envers contre envers, glisser la ganse dans la pliure puis piquer au plus près en utilisant le pied ganseur de la machine à coudre. Épingler le passepoil obtenu sur les premiers et les derniers rangs du tricot, bourrelet tourné vers le centre.

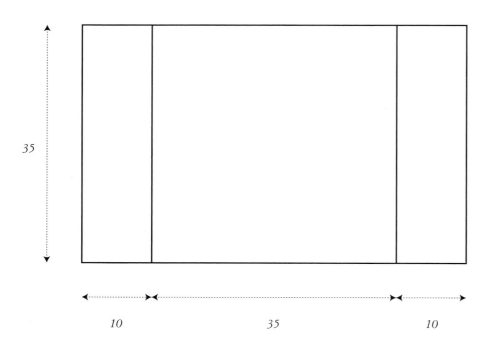

Dimensions (en cm) des trois coussins terminés

A

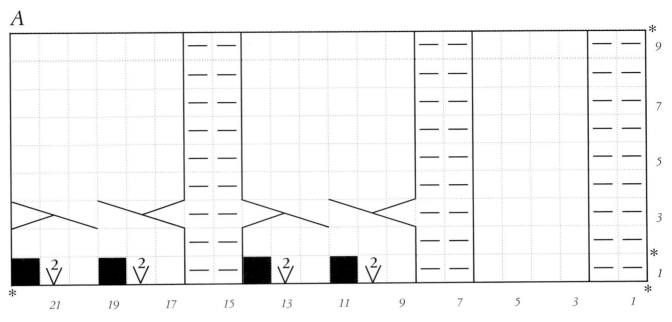

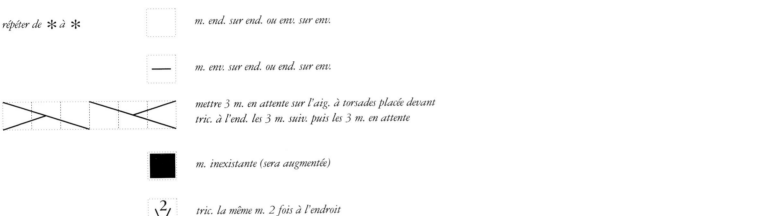

répéter de ✳ à ✳   □   *m. end. sur end. ou env. sur env.*

—   *m. env. sur end. ou end. sur env.*

mettre 3 m. en attente sur l'aig. à torsades placée devant
tric. à l'end. les 3 m. suiv. puis les 3 m. en attente

■   *m. inexistante (sera augmentée)*

$\overset{2}{\vee}$ *tric. la même m. 2 fois à l'endroit*

Repasser vers l'envers un rentré de 1 cm sur une longueur de chaque rectangle. Ces marques serviront de guide pour les coutures. Épingler endroit contre endroit, à chaque extrémité du tricot en posant la ligne de pliure sur la piqûre du passepoil. Piquer. Redresser les bandes de lin. Repasser.

Poser dessus et dessous, endroit contre endroit. Piquer les longueurs. Retourner. Surfiler les extrémités. Plier vers l'intérieur, à chaque extrémité, un rentré de 11 cm. Piquer. Pour fermer le coussin, coudre trois pressions entre dessus et dessous à 1 cm de la piqûre.
Pour fixer les rondelles, couper le passepoil restant en deux. Passer une extrémité dans le trou d'une rondelle. Faire un nœud à chaque extrémité pour éviter qu'elle ne s'effiloche. Nouer les extrémités ensemble sur le bord de la rondelle. Coudre solidement au milieu de chaque bande de lin du dessus. Glisser le coussin à l'intérieur en le tassant un peu.

Coussin B
(six rondelles)

Points employés

*Jersey endroit :
* 1 rg endroit,
1 rg envers *.*

*Point fantaisie :
suivre la grille.
Tricoter le 1er rg
puis répéter
les rgs 2 à 9.*

Réalisation

Pour le dessus en tricot, monter 88 m. Tricoter 2 rgs jersey endroit. Au 3e rg tricoter ainsi : 2 m. lisières, * 2 m. envers, 4 m. endroit, 2 m. envers, 11 m. endroit * 4 fois.

Terminer par 2 m. envers, 4 m. endroit, 2 m. envers et 2 m. lisières. Revenir en tricotant les mailles comme elles se présentent. Tricoter le 5e rg ainsi : 2 m. lisières tricotées à l'endroit ; sur les 76 m. suivantes répéter 4 fois le 1er rg de la grille en faisant les augmentations indiquées puis terminer par 2 m. envers, 4 m. endroit, 2 m. envers et 2 m. lisières tricotées à l'endroit. On a 104 m. Continuer en répétant les rgs 2 à 9 de la grille.

À 36 cm de hauteur totale, tricoter 1 rg en diminuant 4 m. dans chaque torsade (tricoter 4 fois 2 m. ensemble). Continuer en jersey endroit et rabattre au 4e rg.

Montage

Le travail est le même que pour le coussin A.

Confectionner six bandes de tricotin de 6 cm. Pour arrêter, glisser le fil dans les mailles ouvertes et serrer. Coudre une extrémité des tricotins au milieu de chaque bande de lin du dessus, la première à mi-hauteur, les suivantes de part et d'autre à 9 cm. Glisser une rondelle sur chaque tricotin et la bloquer en nouant l'extrémité. Glisser le coussin à l'intérieur en le tassant un peu.

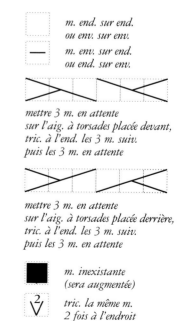

répéter de ✳ à ✳

- ☐ m. end. sur end.
  ou env. sur env.
- ▬ m. env. sur end.
  ou end. sur env.

mettre 3 m. en attente sur l'aig. à torsades placée devant, tric. à l'end. les 3 m. suiv. puis les 3 m. en attente

mettre 3 m. en attente sur l'aig. à torsades placée derrière, tric. à l'end. les 3 m. suiv. puis les 3 m. en attente

- ■ m. inexistante (sera augmentée)
- ⩔ tric. la même m. 2 fois à l'endroit

B

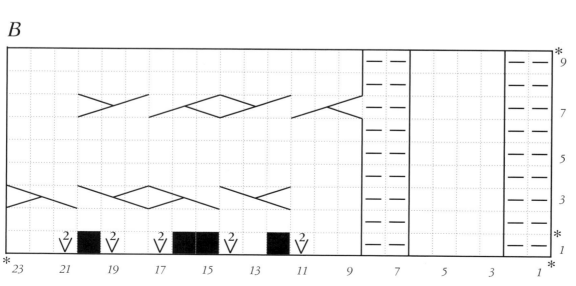

Coussin C
(quatre rondelles)

Points employés

Jersey endroit :
*1 rg endroit,
1 rg envers *.

**Point fantaisie :
suivre la grille.
Tricoter le 1er rg
puis répéter
les rgs 2 à 9.**

répéter de *à*

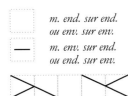

☐   m. end. sur end.
ou env. sur env.

—   m. env. sur end.
ou end. sur env.

mettre 3 m. en attente
sur l'aig. à torsades placée devant,
tric. à l'end. les 2 m. suiv.
puis les 3 m. en attente

mettre 2 m. en attente
sur l'aig. à torsades placée derrière,
tric. à l'end. les 3 m. suiv.
puis les 2 m. en attente

■   m. inexistante
(sera augmentée)

⋁   tric. la même m.
2 fois à l'endroit

Réalisation

Pour le dessus en tricot : monter 84 m. Tricoter 2 rgs jersey endroit. Au 3e rg tricoter ainsi : 2 m. lisières, * 2 m. envers, 4 m. endroit, 2 m. envers, 10 m. endroit * 4 fois. Terminer par 2 m. envers, 4 m. endroit, 2 m. envers et 2 m. lisières. Revenir en tricotant les mailles comme elles se présentent. Tricoter le 5e rg ainsi : 2 m. lisières tricotées à l'endroit ; sur les 72 m. suivantes répéter 4 fois le 1er rg de la grille en faisant les augmentations indiquées puis terminer par 2 m. envers, 4 m. endroit, 2 m. envers et 2 m. lisières tricotées à l'endroit. On a 100 m. Continuer en répétant les rgs 2 à 9 de la grille. À 36 cm de hauteur totale, tricoter 1 rg en diminuant 4 m. dans chaque torsade (tricoter 4 fois 2 m. ensemble). Continuer en jersey endroit puis rabattre au 4e rg.

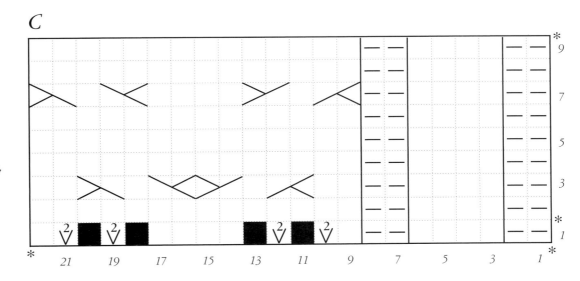

Montage

Le travail est le même que pour le coussin A.

Couper la cordelière en quatre. Plier chaque morceau en deux et coudre solidement les extrémités juxtaposées au milieu des bandes de lin du dessus, espacées de 14 cm. Enfiler une rondelle sur chaque cordelière pliée. Glisser le coussin à l'intérieur en le tassant un peu.

Cuisine

Quatre
sets de table

Fournitures

Pour chaque set de 46 cm sur 36 cm :

Fils à tricoter Bergère de France,

qualité « Coton Fifty »

(50 % coton, 50 % acrylique Dralon),

2 pelotes coloris Nougat 225.18.

Aiguilles n° 2,5.

0,40 x 1,40 m de toile de lin.

20 x 30 cm de toile thermocollante.

Fil à coudre.

Points employés

Jersey endroit :
* 1 rg endroit,
1 rg envers *.

Jersey envers :
* 1 rg envers,
1 rg endroit *.

Points fantaisie :
suivre les grilles
correspondantes
en répétant les
mailles et
les rangs entre *.

Réalisation

Les quatre sets sont confectionnés de la même façon. Tricoter le centre en suivant les explications ci-après. Repasser puis appliquer la toile thermocollante sur l'envers.

Set aux losanges

Monter 91 m. Tricoter 4 rgs de jersey endroit puis 90 rgs ainsi : 4 m. jersey envers, 83 m. point fantaisie, 4 m. jersey envers. Tricoter ensuite 4 rgs de jersey endroit et rabattre.

Set aux rayures

Monter 87 m. Tricoter 4 rgs de jersey endroit puis 97 rgs ainsi : 4 m. jersey envers, 79 m. point fantaisie, 4 m. jersey envers. Tricoter ensuite 4 rgs de jersey endroit et rabattre.

Set aux chevrons

Monter 92 m. Tricoter 4 rgs de jersey endroit puis 90 rgs ainsi : 4 m. jersey envers, 84 m. point fantaisie, 4 m. jersey envers. Tricoter ensuite 4 rgs de jersey endroit et rabattre.

Set aux carrés

Monter 91 m. Tricoter 4 rgs de jersey endroit puis 86 rgs ainsi : 4 m. jersey envers, 83 m. point fantaisie, 4 m. jersey envers. Tricoter ensuite 4 rgs de jersey endroit et rabattre.

Montage

Dans le lin, couper deux bandes de 48 x 10 cm et deux bandes de 38 x 10 cm. Tirer un fil à 1 cm du bord sur chaque longueur pour marquer ainsi les lignes de couture. Plier l'extrémité de chaque bande en plein biais en amenant le bord de 10 cm sur la longueur. Repasser pour marquer la pliure. Épingler une grande et une petite bande, endroit contre endroit, en superposant les fils tirés. Piquer sur la diagonale marquée. Couper l'excédent de tissu à 1 cm de la couture. Piquer ainsi les quatre bandes les unes au bout des autres, en alternant les longueurs, pour former un cadre. Ouvrir les coutures au fer à repasser.

Pour le fond, couper un rectangle de lin de 48 x 38 cm. Tirer un fil à 1 cm de chaque bord.

Poser le cadre et le dessous endroit contre endroit. Piquer le tour sur les fils tirés. Dégarnir les angles. Retourner et repasser. Repasser vers l'envers un rentré de 1 cm sur le bord du cadre. Poser la toile thermocollante au dos de chaque set. Glisser les 4 premiers rangs, les 4 derniers rangs et les 4 mailles de chaque extrémité sous les bords du cadre. Piquer à travers toutes les épaisseurs.

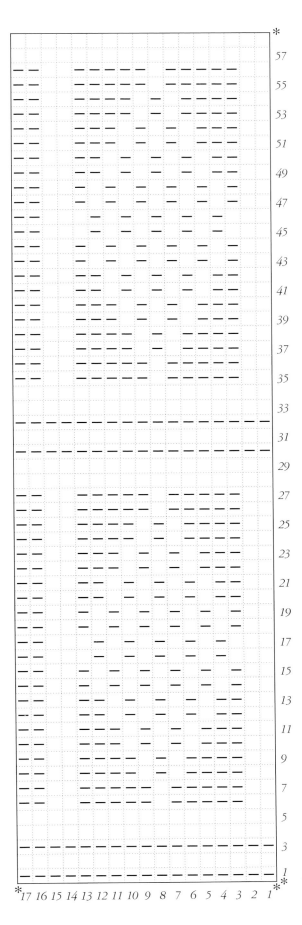

Set aux losanges

☐ m. end. sur end. ou env. sur env.

— m. env. sur end. ou end. sur env.

répéter de ✳ à ✳

Set aux rayures

☐ m. end. sur end. ou env. sur env.

— m. env. sur end. ou end. sur env.

répéter de ✳ à ✳

73 71 69 67 65 63 61 59 57 55 53 51 49 47 45 43 41 39 37 35 33 31 29 27 25 23 21 19 17 15 13 11 9 7 5 3 1

✳ 10 9 8 7 6 5 4 3 2 1 ✳✳

Set aux chevrons

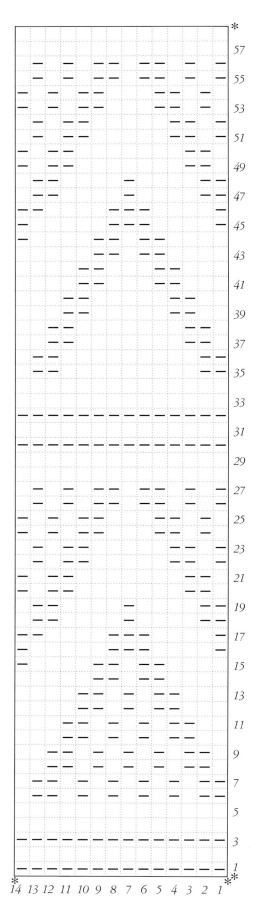

☐ m. end. sur end. ou env. sur env.

— m. env. sur end. ou end. sur env.

répéter de ✳ à ✳

57 55 53 51 49 47 45 43 41 39 37 35 33 31 29 27 25 23 21 19 17 15 13 11 9 7 5 3 1

✳ 14 13 12 11 10 9 8 7 6 5 4 3 2 1 ✳✳

Set aux carrés

☐ m. end. sur end. ou env. sur env.

— m. env. sur end. ou end. sur env.

répéter de ✳ à ✳

*36 35 34 33 32 31 30 29 28 27 26 25 24 23 22 21 20 19 18 17 16 15 14 13 12 11 10 9 8 7 6 5 4 3 2 1

87

Housse de chaise pliante

Fournitures

Fils à tricoter Bergère de France,

qualité « Sport » (51 % laine peignée,

43 % acrylique, 6 % chlorofibre Rhovyl),

3 pelotes coloris Naturel 271.66 ;

qualité « Idéal » (40 % laine peignée,

30 % acrylique, 30 % polyamide),

1 pelote coloris Meije 512.53.

Aiguilles n° 3,5.

Une aiguille à torsades.

Un tricotin Bergère de France réf. 151.18.

30 cm de fine toile thermocollante.

1,20 m de toile de lin en 1,40 m de largeur.

Fil pour coutures solides assorti.

Une chaise pliante.

Store

Fournitures

Pour un store de 120 cm sur 200 cm :

Fils à tricoter Bergère de France, qualité « Coton Fifty »

(50 % coton, 50 % acrylique Dralon),

2 pelotes coloris Nougat 225.18.

Aiguilles n° 2,5.

2,60 m de toile de lin en 1,40 m de largeur.

Un kit à store bateau en 1,20 m de largeur.

*Les motifs en jersey
endroit et
jersey envers
sont expliqués
rang par rang dans
la réalisation.*

Réalisation

Pour chacun des trois motifs tricotés monter 110 m. Tricoter 1 rg envers sur envers puis travailler en suivant les explications ci-dessous.

1er rg : 3 m. endroit., * 1 surjet simple (= 1 m. glissée, 1 m. endroit sur laquelle on rabat la m. glissée), 48 m. endroit, 2 m. ensemble à l'endroit * 2 fois, 3 m. endroit.

2e rg et tous les rangs pairs : tricoter toujours à l'envers.

3e rg : 3 m. endroit., * 1 surjet simple, 46 m. envers, 2 m. ensemble à l'endroit * 2 fois, 3 m. endroit.

5e rg : 3 m. endroit, * 1 surjet simple, 44 m. envers, 2 m. ensemble à l'endroit * 2 fois, 3 m. endroit.

7e rg : 3 m. endroit, * 1 surjet simple, 42 m. endroit, 2 m. ensemble à l'endroit * 2 fois, 3 m. endroit.

9e rg : 3 m. endroit, * 1 surjet simple (2 m. endroit, tricoter 5 fois la même m. à l'endroit en prenant alternativement le fil avant et arrière ; tricoter ces 5 m. à l'endroit sur l'envers, tourner, glisser 4 m. sur l'aiguille droite, tricoter la 5e m. à l'endroit puis rabattre les 4 m. l'une après l'autre sur la 5e, 2 m. endroit) 8 fois, 2 m. ensemble à l'endroit * 2 fois, 3 m. endroit.

11e rg : 3 m. endroit, * 1 surjet simple, 38 m. envers, 2 m. ensemble à l'endroit * 2 fois, 3 m. endroit.

13e rg : 3 m. endroit, * 1 surjet simple, 36 m. envers, 2 m. ensemble à l'endroit * 2 fois, 3 m. endroit.

15e rg : 3 m. endroit, * 1 surjet simple, 34 m. endroit, 2 m. ensemble à l'endroit * 2 fois, 3 m. endroit.

17e, 19e, 21e, 23e, 25e et 27e rgs : 3 m. endroit, * 1 surjet simple, 15 m. endroit, 1 jeté, 2 m. envers, 1 jeté, 15 m. endroit, 2 m. ensemble à l'endroit * 2 fois, 3 m. endroit.

29e rg : 3 m. endroit, * 1 surjet simple, 9 m. endroit, 1 surjet simple, 10 m. endroit, 2 m. ensemble à l'endroit, 9 m. endroit, 2 m. ensemble à l'endroit * 2 fois, 3 m. endroit.

31e rg : 3 m. endroit, * 1 surjet simple, 8 m. endroit, 1 surjet simple, 8 m. endroit, 2 m. ensemble à l'endroit, 8 m. endroit, 2 m. ensemble à l'endroit * 2 fois, 3 m. endroit.

33e rg : 3 m. endroit, * 1 surjet simple, 7 m. endroit, 1 surjet simple, 6 m. endroit, 2 m. ensemble à l'endroit, 7 m. endroit, 2 m. ensemble à l'endroit * 2 fois, 3 m. endroit.

35e rg : 3 m. endroit, * 1 surjet simple, 6 m. endroit, 1 surjet simple, 4 m. endroit, 2 m. ensemble à l'endroit, 6 m. endroit, 2 m. ensemble à l'endroit * 2 fois, 3 m. endroit.

37e rg : 3 m. endroit, * 1 surjet simple, 5 m. endroit, 1 surjet simple, 2 m. endroit, 2 m. ensemble à l'endroit, 5 m. endroit, 2 m. ensemble à l'endroit * 2 fois, 3 m. endroit.

39ᵉ rg : 3 m. endroit, * 1 surjet simple, 4 m. endroit, 1 surjet simple, 2 m. ensemble à l'endroit, 4 m. endroit, 2 m. ensemble à l'endroit * 2 fois, 3 m. endroit.

41ᵉ rg : 3 m. endroit, * 1 surjet double (1 m. glissée, 2 m. ensemble à l'endroit sur lesquelles on rabat la m. glissée), 6 m. endroit, 3 m. ensemble à l'endroit * 2 fois, 3 m. endroit.

43ᵉ rg : 3 m. endroit, * 1 surjet double, 2 m. endroit, 3 m. ensemble à l'endroit * 2 fois, 3 m. endroit.

45ᵉ rg : 3 m. endroit, * 1 surjet simple, 2 m. ensemble à l'endroit * 2 fois, 3 m. endroit. Passer un fil dans ces 8 m. et les fermer face à face. Maintenir les bords des feuilles par quelques points.

Montage

Couper un rectangle de toile de 2 x 1,24 m. Repasser vers l'envers un rentré de 2 cm sur chaque hauteur, et de 1 cm sur une largeur qui sera le haut du store. Piquer le ruban à boucle, sur l'envers sur toute la hauteur, à 1 cm de chaque bord et au milieu, en plaçant la première boucle à 1 cm du haut et la dernière à 5 cm du bas. Veiller à ce que toutes les boucles soient alignées. Piquer l'auto-agrippant en haut du store, sur l'envers. Pour que le montage soit plus solide, piquer les quatre bords de l'auto-agrippant.

Former sept plis régulièrement espacés pour glisser les tiges de lestage : en partant du haut plier le tissu horizontalement, endroit contre endroit, au niveau de la première boucle. Piquer à 1 cm de la pliure en veillant à ce que la boucle se trouve à ras de la piqûre. Former les six autres plis toutes les deux boucles.

Bas du store : en suivant les schémas pages 98, 99, couper la face avant et la face arrière. Plier et bâtir sur l'envers un rentré de 1 cm à l'intérieur de chaque dent de la face avant. Glisser les triangles tricotés sous les bords de la découpe, en posant les rangs point mousse contre le bord du tissu. Piquer sur l'endroit. Piquer la face avant, endroit contre endroit, en bas du store. Repasser la couture. Plier les extrémités de 2 cm vers l'envers. Repasser un rentré de 1 cm en haut de la face arrière et de 2 cm sur la partie droite des extrémités. Poser la face arrière, endroit contre endroit, sur la face avant. Piquer les extrémités à 2 cm puis le tour des dents à 1 cm du bord. Retourner. Repasser. Épingler le haut sur l'envers. Faire deux piqûres parallèles sur toute la largeur, espacées de 5 cm. Glisser la barre de lestage dans cette coulisse. Installer le store sur le système en suivant le mode d'emploi.

Garnir chaque pointe d'un gland : enrouler 60 fois le coton autour d'une bande de carton rigide de 8 cm de largeur. Glisser un fil double entre le carton et les brins. Nouer très serré. Glisser hors du carton. Enrouler un brin autour de l'ensemble en dessous de la partie nouée. Serrer. Nouer. Couper les brins. Égaliser. Coudre solidement les glands.

Arrière

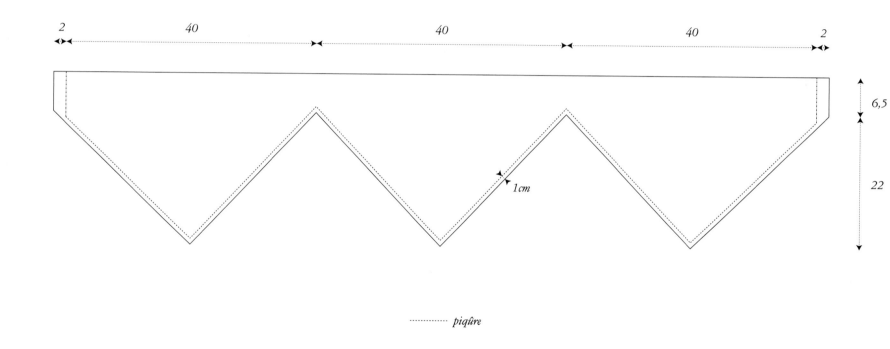

2   40   40   40   2

6,5

22

1cm

.... *piqûre*

Dimensions en cm

Avant

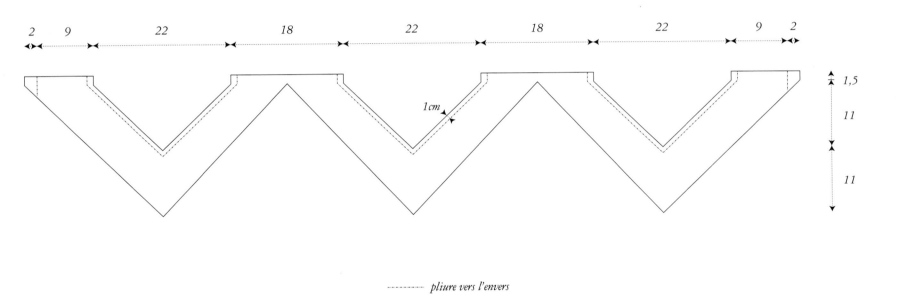

2   9   22   18   22   18   22   9   2

1,5

11

11

1cm

------- pliure vers l'envers

Dimensions en cm

Adresses des fournisseurs

BERGÈRE DE FRANCE
Magasins et catalogue de vente
par correspondance
55020 Bar-le-Duc Cedex
Tél. : 03 29 79 36 66
Fax : 03 29 79 76 16

*Fil à tricoter, boutons,
tricotin, accessoires de mercerie*

BOUCHARA-EURODIF
Renseignements,
tél. : 02 98 43 07 33
Bouchara-Haussmann
54, boulevard Haussmann
75009 Paris
Tél. 01 42 80 66 95

Tissus de lin

MILPOINT SARL
32, boulevard
Paul-Vaillant-Couturier
93108 Montreuil Cedex
Tél. : 01 48 70 14 38
Fax : 01 48 70 23 11

*Canevas et antidéparant à tapis,
canevas Pénélope*

HOULÈS
Viaduc des Arts,
voûte n° 20
27, avenue Daumesnil
75010 Paris
Tél. : 01 43 46 25 50
Fax : 01 43 46 25 53

*Paravent, repose-pieds,
oreillers, rondelles en bois,
sangle de tapissier,
store en kit*

MERCERIE CORALIE
105, Grande-Rue
92310 Sèvres
Tél. et fax : 01 45 07 02 31

Toute la petite mercerie

Table des matières

BERGERE
de France

Un ouvrage exceptionnel et original auquel
Bergère de France
a eu le plaisir d'apporter sa collaboration
avec son savoir-faire de filateur.

Le choix des matières de qualité
fut une de nos principales préoccupations.

Donner envie au plus grand nombre
d'entre vous, faire redécouvrir le tricot par
son originalité et le plaisir de création personnel,
telle est l'intention de cet ouvrage.

En espérant avoir réussi à vous séduire...

Bergère de France
perpétue depuis plus de cinquante ans le plaisir du fil.

Les collections Bergère de France restent fidèles
à ce que vous aimez :

• *le confort des matières*
au gré de plus de 40 qualités de fil,
• *l'harmonie des couleurs*
présentant une palette de plus
de 400 coloris actualisés chaque saison,
• *une originalité de points*
et de détails qui enrichissent vos créations.

Bergère de France,
ayant choisi de commercialiser directement ses produits,
vous assurer un dialogue et une écoute permanents.

Vous pouvez donc nous contacter dès à présent à
l'adresse ci-dessous, afin de recevoir
nos catalogues et connaître l'adresse de nos
600 points de vente en France :

BERGÈRE DE FRANCE
91, rue Ernest-Bradfer
55020 Bar-le-Duc Cedex

ou nous appeler aux numéros suivants :

Téléphone direct : 03 29 79 36 66
Fax direct : 03 29 79 76 16

Sur simple demande, nous vous donnerons plus amples
informations sur les autres moyens de découvrir
nos collections de fil et nos créations
de tricots et broderies.

QUALITÉS BERGÈRE DE FRANCE UTILISÉES DANS CET OUVRAGE :		
QUALITÉ	COLORIS	RÉFÉRENCE ARTICLE
Coton Fifty	Nougat	225.18
Coton macramé	/	144.65
Idéal	Meije	512.53
Irland	Lézard	216.58
Laine de pays	Sibérie	211.25
Mélodie	Chevalet	238.03
Sport	Naturel	271.66

Collection
Arts d'intérieurs